DU MÊME AUTEUR

Aux Éditions Gallimard

L'ILLUSION ÉCONOMIQUE. Essai sur la stagnation des sociétés développées, 1997. Nouvelle édition augmentée d'une préface de l'auteur en 1999.

Chez d'autres éditeurs

LA CHUTE FINALE. Essai sur la décomposition de la sphère soviétique, 1976 (*Robert Laffont*).

LE FOU ET LE PROLÉTAIRE, 1979 (*Robert Laffont*).

L'INVENTION DE LA FRANCE, en collaboration avec Hervé Le Bras, 1981 (*Hachette-Pluriel*).

LA TROISIÈME PLANÈTE. Structures familiales et systèmes idéologiques, 1983 (*Le Seuil*).

L'ENFANCE DU MONDE. Structures familiales et développement, 1984 (*Le Seuil*).

LA NOUVELLE FRANCE, 1988 (*Le Seuil*).

L'INVENTION DE L'EUROPE, 1990 (*Le Seuil*).

LE DESTIN DES IMMIGRÉS, 1994 (*Le Seuil*).

APRÈS L'EMPIRE

EMMANUEL TODD

Après l'empire

Essai sur la décomposition
du système américain

GALLIMARD

Pour Magaly

Ouverture

Les États-Unis sont en train de devenir pour le monde un problème. Nous étions plutôt habitués à voir en eux une solution. Garants de la liberté politique et de l'ordre économique durant un demi-siècle, ils apparaissent de plus en plus comme un facteur de désordre international, entretenant, là où ils le peuvent, l'incertitude et le conflit. Ils exigent de la planète entière qu'elle reconnaisse que certains États d'importance secondaire constituent un « axe du mal », qui doit être combattu et annihilé : l'Irak de Saddam Hussein, verbeux mais insignifiant en tant que puissance militaire, la Corée du Nord de Kim Jong-il, premier (et dernier) communisme à avoir institué une succession par primogéniture, résidu d'un autre âge voué à disparaître en l'absence de toute intervention extérieure. L'Iran, autre cible obsessionnelle, est un pays stratégiquement important mais clairement engagé dans un processus d'apaisement intérieur et extérieur. Le gouvernement américain cependant le stigmatise comme membre de plein droit de cet axe du mal. Les États-Unis ont provoqué la Chine en bombardant son ambassade à Belgrade durant la guerre du Kosovo, en truffant de micros facilement repérables un Boeing destiné à ses dirigeants. Entre trois embrassades publiques et deux accords de désarmement nucléaire, ils ont même provoqué la Russie en patronnant par l'intermédiaire de Radio Free Europe des émissions en langue tchétchène, en expédiant en Géorgie des conseillers militaires, en établissant des bases permanentes dans l'ex-Asie centrale soviétique, face à l'armée russe. Enfin, sommet théorique de cette fébrilité militariste : le Pentagone laisse filtrer des documents envisageant des frappes nucléaires sur des pays non nucléaires. Le gouvernement de Washington applique ainsi un modèle stratégique classique mais inadapté à une nation d'échelle continentale, la « stratégie du fou », qui recommande d'apparaître à d'éventuels adversaires comme irresponsable pour mieux les intimider. Quant à la mise en place d'un bouclier spatial, qui brise l'équilibre nucléaire et dont le développement ultime permettrait aux États-Unis de régner sur l'ensemble du monde par la terreur, elle nous force à nous projeter dans un univers digne de la science-fiction. Comment s'étonner de l'attitude nouvelle de méfiance et de peur qui saisit, les uns après les autres, tous ceux qui établissaient leur politique extérieure à partir d'un axiome rassurant : l'unique superpuissance est avant tout responsable ?

Les alliés et clients traditionnels des États-Unis sont d'autant plus inquiets qu'ils se trouvent proches des zones désignées par leur leader comme sensibles. La Corée du Sud rappelle, en toute occasion, qu'elle ne se sent pas menacée par son voisin archéocommuniste du nord ; le Koweït affirme qu'il n'a plus de contentieux avec l'Irak.

La Russie, la Chine et l'Iran, trois nations dont la priorité absolue est le développement économique, n'ont plus qu'une préoccupation stratégique : résister aux provocations de l'Amérique, ne rien faire ; mieux, en un renversement qui aurait paru inconcevable il y a dix ans, militer pour la stabilité et l'ordre du monde.

Les grands alliés des États-Unis sont quant à eux de

plus en plus perplexes, de plus en plus gênés. En Europe, où seule la France se piquait d'indépendance, nous observons avec une certaine surprise une Allemagne irritée et un Royaume-Uni, fidèle des fidèles, carrément inquiet. De l'autre côté de l'Eurasie, le silence du Japon exprime un malaise grandissant plutôt qu'une adhésion sans faille.

Les Européens ne comprennent pas pourquoi l'Amérique se refuse à régler la question israélo-palestinienne, alors qu'elle en a le pouvoir absolu. Ils commencent à se demander si Washington n'est pas au fond satisfait qu'un foyer de tension se perpétue au Proche-Orient et que les peuples arabes manifestent une hostilité grandissante au monde occidental.

L'organisation Al Qaida, bande de terroristes malades et géniaux, a émergé d'une région définie et limitée de la planète, l'Arabie saoudite, même si Ben Laden et ses lieutenants ont recruté quelques transfuges égyptiens et une poignée de paumés venus des banlieues d'Europe occidentale. L'Amérique s'efforce pourtant de transformer Al Qaida en une puissance aussi stable que maléfique, le « terrorisme », omniprésent — de la Bosnie aux Philippines, de la Tchétchénie au Pakistan, du Liban au Yémen —, légitimant ainsi n'importe quelle action punitive n'importe où et n'importe quand. L'élévation du terrorisme au statut de force universelle *institutionnalise un état de guerre permanent à l'échelle de la planète* : une quatrième guerre mondiale, selon certains auteurs américains qui n'ont déjà pas peur du ridicule en considérant la guerre froide comme la troisième[1]. Tout se passe comme si les États-Unis recherchaient, pour une raison obscure, le maintien d'un certain niveau de tension internationale, une situation de guerre limitée mais endémique.

1. Norman Podhoretz, « How to win world war IV », *Commentary*, février 2002, p. 19-28.

Un an seulement après le 11 septembre, une telle perception de l'Amérique est paradoxale. Car dans les heures
qui avaient suivi l'attentat sur le World Trade Center, nous
avions eu la révélation de la dimension la plus profonde et
la plus sympathique de l'hégémonie américaine : un pouvoir
accepté, dans un monde qui admettait, en très grande majorité, qu'une organisation capitaliste de la vie économique et
démocratique de la vie politique étaient seules raisonnables
et possibles. On avait alors vu clairement que la force principale de l'Amérique était sa légitimité. La solidarité des
nations du monde avait été immédiate ; toutes avaient
condamné l'attentat. Des alliés européens était venu un
désir actif de solidarité, s'exprimant dans l'engagement de
l'Otan. La Russie avait quant à elle saisi l'occasion de montrer qu'elle désirait par-dessus tout de bonnes relations avec
l'Ouest. C'est elle qui a fourni à l'Alliance du Nord afghane
les armements dont elle avait besoin et ouvert aux forces
armées des États-Unis l'espace stratégique indispensable
en Asie centrale. Sans la participation active de la Russie,
l'offensive américaine en Afghanistan aurait été impossible.
   L'attentat du 11 septembre a fasciné les psychiatres : la
révélation d'une fragilité de l'Amérique avait un peu partout déstabilisé, non seulement les adultes, mais aussi leurs
enfants. Une véritable crise psychique avait alors mis à nu
l'architecture mentale de la planète, dont l'Amérique,
unique mais légitime superpuissance, constituait comme
une clef de voûte inconsciente. Pro- et antiaméricains
étaient comme des enfants, privés de l'autorité dont ils
avaient besoin, soit pour s'y soumettre, soit pour la com-
battre. Bref, l'attentat du 11 septembre avait révélé le caractère volontaire de notre servitude. La théorie du *soft power*
de Joseph Nye était magnifiquement vérifiée : l'Amérique
ne régnait pas seulement ou même principalement par les

armes mais par le prestige de ses valeurs, de ses institutions et de sa culture.

Trois mois plus tard, le monde semblait revenu à son équilibre normal. L'Amérique avait vaincu, redevenue, par la force de quelques bombardements, toute-puissante. Les vassaux croyaient pouvoir retourner à leurs affaires, pour l'essentiel économiques et intérieures. Les contestataires s'apprêtaient à reprendre, là où ils l'avaient laissée, leur dénonciation éternelle et incantatoire de l'empire américain.

On s'attendait quand même à ce que la blessure du 11 septembre — assez relative si l'on pense à ce que furent les expériences européenne, russe, japonaise, chinoise ou palestinienne de la guerre — rapproche l'Amérique du lot commun de l'humanité, la rende plus sensible aux problèmes des pauvres et des faibles. Le monde fit un rêve : la reconnaissance par toutes les nations, ou presque toutes, de la légitimité du pouvoir des États-Unis allait conduire à l'émergence d'un véritable empire du bien, les dominés planétaires acceptant un pouvoir central, les dominants américains se soumettant à l'idée de justice.

C'est alors que le comportement international des États-Unis commença d'entraîner un changement de perception. On vit réémerger, tout au long de l'année 2002, la tendance à l'unilatéralisme déjà manifeste dans la deuxième moitié des années 90, avec les refus par Washington, en décembre 1997, du traité d'Ottawa interdisant les mines antipersonnel, en juillet 1998, de l'accord instituant une Cour pénale internationale. L'histoire sembla reprendre son cours antérieur avec le refus par les États-Unis du protocole de Kyoto sur les émissions de gaz carbonique.

La lutte contre Al Qaida, qui aurait pu institutionnaliser la légitimité des États-Unis si elle avait été menée modestement et raisonnablement, a mis en évidence une irresponsabilité démultipliée. L'image d'une Amérique narcissique, agitée et agressive a remplacé, en quelques mois, celle de la nation blessée, sympathique et indispensable à notre équilibre. Nous en sommes là. Mais où en sommes-nous vraiment ?

Car le plus inquiétant dans la situation actuelle est au fond l'absence d'un modèle explicatif satisfaisant du comportement américain. Pourquoi la « superpuissance solitaire » n'est-elle plus, conformément à la tradition établie au lendemain de la Seconde Guerre mondiale, fondamentalement débonnaire et raisonnable ? Pourquoi est-elle si active et déstabilisatrice ? Parce qu'elle est toute-puissante ? Ou au contraire, parce qu'elle sent lui échapper le monde qui est en train de naître ?

Avant de procéder à l'élaboration d'un modèle explicatif rigoureux du comportement international des États-Unis, nous devons nous débarrasser de l'image standardisée d'une Amérique dont le seul problème serait l'excès de puissance. Les antiaméricains professionnels ne nous seront donc d'aucune utilité, mais les penseurs de l'establishment seront des guides très sûrs.

Retour à la problématique du déclin

Les antiaméricains structurels proposent leur réponse habituelle : l'Amérique est mauvaise par nature, incarnation étatique de la malfaisance du système capitaliste. C'est aujourd'hui un grand moment pour ces antiaméricains de toujours, qu'ils soient ou non admirateurs de petits despotes locaux comme Fidel Castro, qu'ils aient ou non compris l'échec sans appel de l'économie dirigée. Car ils peuvent enfin évoquer sans sourire une contribution négative des États-Unis à l'équilibre et au bonheur de la planète. Ne

nous y trompons pas, le rapport au réel et au temps de
ces antiaméricains structurels est celui des horloges arrê-
tées qui sont quand même à l'heure deux fois par jour. Les
plus typiques d'entre eux sont d'ailleurs américains. Lisez
les textes de Noam Chomsky : vous n'y trouverez aucune
conscience de l'évolution du monde. Après comme avant
l'effondrement de la menace soviétique, l'Amérique est la
même, militariste, oppressive, faussement libérale, en Irak
aujourd'hui comme au Vietnam il y a un quart de siècle[1].
Mais l'Amérique selon Chomsky n'est pas seulement mauvaise, elle est toute-puissante.

Dans un genre plus culturel et plus moderne, nous pouvons évoquer le *Jihad vs. Mc World* de Benjamin Barber,
qui nous trace le tableau d'un monde ravagé par l'affrontement entre une méprisable infraculture américaine et de
non moins insupportables tribalismes résiduels[2]. Mais la victoire annoncée de l'américanisation suggère que Benjamin
Barber demeure, au-delà de sa posture critique, et sans en
être pleinement conscient, un nationaliste américain. Lui
aussi surestime la puissance de son pays.

Dans le même registre de la surestimation nous trouvons
la notion d'*hyperpuissance* américaine. Quel que soit le respect que peut inspirer la politique extérieure menée par
Hubert Védrine lorsqu'il était ministre des Affaires étrangères, nous devons admettre que ce concept, qu'il affec-
tionne, aveugle les analystes plus qu'il ne les éclaire.

Ces représentations ne nous aident pas à comprendre la
situation actuelle. Elles présupposent une Amérique exagérée, dans la dimension du mal parfois, dans celle de la puissance toujours. Elles nous interdisent de percer le mystère

---

1. Par exemple, Noam Chomsky, *Rogue States. The Rule of Force in World Affairs*, Pluto Press, Londres, 2000.
2. Benjamin R. Barber, *Jihad vs. Mc World. How Globalism and Tribalism are reshaping the World*, Ballantine Books, New York, 1995.

de la politique étrangère américaine parce que la solution doit être recherchée du côté de la *faiblesse* et non de la puissance. Une trajectoire stratégique erratique et agressive, bref la démarche d'ivrogne de la « superpuissance solitaire », ne peut être expliquée de façon satisfaisante que par la mise à nu de contradictions non résolues ou insolubles, et des sentiments d'insuffisance et de peur qui en découlent. La lecture des analyses produites par l'establishment américain est plus éclairante. Au-delà de toutes leurs divergences, nous trouvons, chez Paul Kennedy, Samuel Huntington, Zbigniew Brzezinski, Henry Kissinger ou Robert Gilpin, la même vision mesurée d'une Amérique qui, loin d'être invincible, doit gérer *l'inexorable réduction de sa puissance relative dans un monde de plus en plus peuplé et développé*. Les analyses de la puissance américaine sont diverses : économique chez Kennedy ou Gilpin, culturelle et religieuse chez Huntington, diplomatique et militaire chez Brzezinski ou Kissinger. Mais toujours nous sommes confrontés à une représentation inquiète de la force des États-Unis, dont le pouvoir sur le monde apparaît fragile et menacé.

Kissinger, au-delà de sa fidélité aux principes du réalisme stratégique et de l'admiration qu'il porte à sa propre intelligence, manque ces jours-ci d'une vision d'ensemble. Son dernier ouvrage, *Does America need a Foreign Policy?*, n'est guère qu'un catalogue de difficultés locales[1]. Mais nous trouvons dans *The Rise and Fall of Great Powers*, de Paul Kennedy, ouvrage déjà ancien puisqu'il date de 1988, la représentation très utile d'un système américain menacé d'*imperial overstretch*, dont la surextension diplomatique et militaire découle classiquement d'une chute de puissance

---

1. Henry Kissinger, *Does America need a Foreign Policy? Toward a Diplomacy for the 21st Century*, Simon and Schuster, New York, 2001.

économique relative[1]. Samuel Huntington a fait paraître, en 1996, *The Clash of Civilizations and the Remaking of World Order*, version longue d'un article publié en 1993 dans la revue *Foreign Affairs*, dont la tonalité est franchement dépressive[2]. On a souvent l'impression en lisant son livre de parcourir un pastiche stratégique du *Déclin de l'Occident* de Spengler. Huntington va jusqu'à contester l'universalisation de la langue anglaise et recommande un repli modeste des États-Unis sur l'alliance ouest-européenne, bloc catholico-protestant, rejetant les « orthodoxes » est-européens et abandonnant à leur destin ces deux autres piliers du système stratégique américain que sont le Japon et Israël, frappés du sceau de l'altérité culturelle.

La vision de Robert Gilpin combine considérations économiques et culturelles ; elle est très universitaire, très prudente, très intelligente. Parce qu'il croit en la persistance de l'État-nation Gilpin perçoit, dans sa *Global Political Economy*, les faiblesses virtuelles du système économique et financier américain, avec cette menace fondamentale d'une « régionalisation » de la planète : si l'Europe et le Japon organisent chacun de leur côté leurs zones d'influence, ils rendront inutiles l'existence d'un centre américain du monde, avec toutes les difficultés qu'impliquerait, dans une telle configuration, la redéfinition du rôle économique des États-Unis[3].

Mais c'est Brzezinski qui, en 1997, dans *The Grand Chessboard*, s'est montré le plus clairvoyant, malgré son

---

1. Paul Kennedy, *The Rise and Fall of Great Powers. Economic Change and Military Conflict from 1500 to 2000*, Fontana Press, Londres, 1989 ; première édition 1988.
2. Samuel P. Huntington, *The Clash of Civilizations and the Remaking of World Order*, Touchstone Books, Londres, 1998 ; première édition américaine 1996.
3. Robert Gilpin, *Global Political Economy. Understanding the International Economic Order*, Princeton University Press, 2001.

manque d'intérêt pour les questions économiques[1]. Pour bien saisir sa représentation des choses, il faut faire tourner devant soi un globe terrestre et prendre conscience de l'extraordinaire isolement géographique des États-Unis : le centre politique du monde est en réalité loin du monde. On accuse souvent Brzezinski d'être un impérialiste simplet, arrogant et brutal. Ses recommandations stratégiques peuvent certes faire sourire, et en particulier lorsqu'il désigne l'Ukraine et l'Ouzbékistan comme objets nécessaires des attentions de l'Amérique. Mais sa représentation d'une population et d'une économie mondiales concentrées en Eurasie, une Eurasie réunifiée par l'effondrement du communisme et oubliant les États-Unis, isolés dans leur nouveau monde, est quelque chose de fondamental, une intuition fulgurante de la véritable menace qui plane sur le système américain.

Le paradoxe de Fukuyama :
du triomphe à l'inutilité de l'Amérique

Si nous voulons comprendre l'inquiétude qui ronge l'establishment américain, nous devons aussi réfléchir sérieusement aux implications stratégiques pour les États-Unis eux-mêmes de l'hypothèse d'une *fin de l'histoire* proposée par Francis Fukuyama. Datant des années 1989-1992, cette théorie a amusé les intellectuels parisiens, étonnés par l'usage simplifié mais hautement consommable que Fukuyama fait de Hegel[2]. L'histoire aurait un sens et son point d'aboutissement serait l'universalisation de la démo-

---

1. Zbigniew Brzezinski, *The Grand Chessboard. American Primacy and its Geostrategic Imperatives*, Basic Books, New York, 1997.
2. Francis Fukuyama, *The End of History and the Last Man*, Penguin Books, Londres, 1992 (traduction française : *La fin de l'histoire et le dernier homme*, Flammarion, 1992).

cratie libérale. L'effondrement du communisme ne serait qu'une étape dans cette marche de la liberté humaine, succédant à cette autre étape importante que fut la chute des dictatures de l'Europe du Sud : au Portugal, en Espagne ou en Grèce. L'émergence de la démocratie en Turquie s'inscrit dans ce mouvement, ainsi que la consolidation des démocraties latino-américaines. Proposé au moment même de l'effondrement du système soviétique, ce modèle de l'histoire humaine a dans l'ensemble été reçu en France comme un exemple typique de naïveté et d'optimisme américains. Pour qui se souvient du Hegel réel, soumis à la Prusse, respectueux de l'autoritarisme luthérien, vénérant l'État, cette représentation en démocrate individualiste peut égayer. C'est bien un Hegel adouci par les studios Disney que nous a proposé Fukuyama. Et puis, Hegel s'intéressait à la marche de l'esprit dans l'histoire mais Fukuyama, lui, même quand il évoque l'éducation, privilégie toujours le facteur économique et semble souvent plus proche de Marx, annonciateur d'une tout autre fin de l'histoire[1]. Le caractère secondaire du développement éducatif et culturel dans son modèle font de Fukuyama un hégélien bien étrange, certainement contaminé par l'économisme délirant de la vie intellectuelle américaine.

Ces réserves faites, on doit cependant reconnaître à Fukuyama un coup d'œil empirique très vif et pertinent sur l'histoire qui se fait. Observer, *dès 1989*, que l'universalisation de la démocratie libérale devenait une possibilité méritant examen était en soi une belle performance. Les intellectuels européens, moins sensibles au mouvement de l'histoire, allaient quant à eux concentrer leurs facultés d'analyse sur le procès du communisme, c'est-à-dire sur le passé. Fukuyama a eu le mérite de spéculer sur l'avenir :

---

1. *Ibid.*, p. 116 : l'éducation apparaît comme une conséquence de la société industrielle.

c'est plus difficile mais plus utile. Je pense pour ma part que la vision de Fukuyama contient une part importante de vérité mais qu'elle ne perçoit pas dans toute son ampleur éducative et démographique la stabilisation de la planète. Laissons pour l'instant de côté le problème de la validité de l'hypothèse de Fukuyama sur la démocratisation du monde, et concentrons-nous sur ses implications à moyen terme *pour les États-Unis*.

Fukuyama intègre à son modèle la loi de Michael Doyle concluant à l'impossibilité de la guerre entre démocraties libérales, qui date du début des années 80, inspirée de Kant plutôt que de Hegel[1]. Avec Doyle nous sommes confrontés à un deuxième cas d'empirisme anglo-saxon, naïf en apparence mais productif en pratique. Que la guerre soit impossible entre démocraties se vérifie par l'examen de l'histoire concrète qui prouve que, si les démocraties libérales n'échappent pas à la guerre avec des systèmes adverses, elles ne se combattent jamais entre elles.

La démocratie libérale moderne penche vers la paix en toutes circonstances. On ne peut guère reprocher aux démocraties française et britannique des années 1933-1939 leur bellicisme ; on ne peut que constater, avec regret, l'isolationnisme de la démocratie américaine jusqu'à Pearl Harbor. Sans nier une poussée nationaliste en France et en Grande-Bretagne avant 1914, on doit admettre que ce sont l'Autriche-Hongrie et l'Allemagne, où le gouvernement n'était, en pratique, pas responsable devant le Parlement, qui ont entraîné l'Europe dans la Première Guerre mondiale.

Le simple bon sens suggère qu'un peuple de niveau d'éducation élevé et de niveau de vie satisfaisant aura du

---

1. Michael Doyle, « Kant, liberal legacies and foreign policy », *Philosophy and Public Affairs*, I et II, 1983 (12), p. 205-235 et 323-353.

mal à produire une majorité parlementaire élue capable de déclarer une guerre majeure. Deux peuples semblablement organisés trouveront inévitablement une solution pacifique à leur différend. Mais la clique incontrôlée qui dirige, *par définition*, un système non démocratique et non libéral, a beaucoup plus de latitude d'action pour décider d'ouvrir des hostilités, contre le désir de paix qui habite générale- ment la majorité des hommes ordinaires.

Si nous ajoutons à l'universalisation de la démocratie libérale (Fukuyama) l'impossibilité de la guerre entre les démocraties (Doyle), nous obtenons une planète installée dans la paix perpétuelle.

Un cynique de la vieille tradition européenne sourira, évoquant l'immuable et éternelle capacité de l'homme à faire le mal et la guerre. Mais, sans nous arrêter à cette objection, continuons le raisonnement : cherchons les impli- cations d'un tel modèle pour l'Amérique. Sa spécialisation planétaire est devenue, par le jeu de l'histoire, la défense d'un principe démocratique perçu comme menacé : par le nazisme allemand, par le militarisme japonais, par les com- munismes russe ou chinois. La Seconde Guerre mondiale puis la guerre froide ont, pour ainsi dire, institutionnalisé cette fonction historique de l'Amérique. Mais si la démo- cratie triomphe partout, nous aboutissons à ce paradoxe terminal que les États-Unis deviennent, en tant que puis- sance militaire, inutiles au monde et vont devoir se résigner à n'être qu'une démocratie parmi les autres.

Cette inutilité de l'Amérique est l'une des deux angoisses fondamentales de Washington, et l'une des clefs qui per- mettent de comprendre la politique étrangère des États- Unis. La formalisation de cette peur nouvelle par les chefs de la diplomatie américaine a pris le plus souvent, comme il est fréquent, la forme d'une affirmation inverse : en février

1998, Madeleine Albright, secrétaire d'État de Clinton, alors qu'elle tentait de justifier un tir de missiles sur l'Irak, a défini les États-Unis comme *la nation indispensable*[1]. Ainsi que l'avait bien vu Sacha Guitry, le contraire de la vérité est déjà très près de la vérité. Si l'on affirme officiellement que les États-Unis sont indispensables, c'est bien que la question de leur utilité pour la planète est posée. Les dirigeants laissent ainsi filtrer, par des quasi-lapsus, l'inquiétude des analystes stratégiques. Madeleine Albright exprimait sous forme de dénégation la doctrine Brzezinski qui perçoit la situation excentrée, isolée, des États-Unis, loin de cette Eurasie si peuplée, si industrieuse où risque de se concentrer l'histoire d'un monde apaisé.

Au fond, Brzezinski accepte la menace implicite du paradoxe de Fukuyama et propose une technique diplomatique et militaire pour garder le contrôle de l'Ancien Monde. Huntington est moins beau joueur : il n'accepte pas l'universalisme sympathique du modèle de Fukuyama et refuse d'envisager l'éventualité que les valeurs démocratiques et libérales s'étendent à toute la planète. Il se réfugie dans une catégorisation religieuse et ethnique des peuples, dont la plupart seraient inaptes, par nature, à l'idéal « occidental ».

À ce stade de la réflexion nous n'avons pas à choisir entre les diverses possibilités historiques : la démocratie libérale est-elle généralisable ? Si oui, apporte-t-elle la paix ? Mais nous devons comprendre que Brzezinski et Huntington répondent à Fukuyama, et que l'éventualité d'une marginalisation des États-Unis, paradoxale alors que le monde entier s'inquiète de leur omnipotence, hante les élites américaines. Bien loin d'être tentée par un retour à l'isolationnisme, l'Amérique a peur de l'isolement, de se retrouver seule dans un monde qui n'aurait plus besoin d'elle. Mais

---

1. « *If we have to use force, it is because we are America. We are the indispensable nation. We stand tall. We see farther into the future.* »

pourquoi a-t-elle maintenant peur d'une distance au monde qui fut sa raison d'être, de la Déclaration d'indépendance en 1776 à Pearl Harbor en 1941 ?

De l'autonomie à la dépendance économique

Cette peur de devenir inutiles, et de l'isolement qui pourrait en résulter, est pour les États-Unis plus qu'un phénomène nouveau : une véritable inversion de leur posture historique. La séparation d'avec un Ancien Monde corrompu fut l'un des mythes fondateurs de l'Amérique, peut-être le principal. Terre de liberté, d'abondance et de perfectionnement moral, les États-Unis d'Amérique choisirent de se développer indépendamment de l'Europe, sans se mêler aux conflits dégradants des nations cyniques du Vieux Continent.

L'isolement du xixe siècle n'était en réalité que diplomatique et militaire, puisque la croissance économique des États-Unis put se nourrir de deux flux continus et indispensables venus d'Europe, l'un en capital, l'autre en travail. Investissements européens et immigration d'une main-d'œuvre à taux d'alphabétisation élevé ont été les véritables ressorts économiques de l'expérience américaine. Reste qu'à la fin du xixe siècle, l'Amérique disposait de l'économie non seulement la plus puissante de la planète, mais aussi la plus autosuffisante, massivement productrice de matières premières et largement excédentaire sur le plan commercial.

Au début du xxe siècle, les États-Unis n'ont plus besoin du monde. Si l'on tient compte de leur puissance effective, leurs premières interventions en Asie et en Amérique latine restèrent alors bien modestes. Mais, ainsi qu'il apparut dès la Première Guerre mondiale, la planète avait besoin d'eux.

Les États-Unis résistèrent peu à l'appel, jusqu'en 1917 très exactement. Puis ils optèrent à nouveau pour l'isolement en refusant de ratifier le traité de Versailles. Il fallut attendre Pearl Harbor et la déclaration de guerre de l'Allemagne à l'Amérique pour que les États-Unis prennent enfin dans le monde, à l'initiative, si l'on peut dire, du Japon et de l'Allemagne, la place qui correspondait à leur puissance économique.

En 1945, le produit national brut américain représentait plus de la moitié du produit brut mondial et l'effet de domination fut mécanique, immédiat. Certes, le communisme couvrait, vers 1950, le cœur de l'Eurasie, de l'Allemagne de l'Est à la Corée du Nord. Mais l'Amérique, puissance navale et aérienne, contrôlait stratégiquement le reste de la planète avec la bénédiction d'une multitude d'alliés et de clients dont la priorité était la lutte contre le système soviétique. C'est avec l'accord d'une bonne partie du monde que s'installa l'hégémonie américaine, malgré le soutien apporté au communisme par de nombreux intellectuels, ouvriers et paysans ici ou là.

Nous devons admettre, si nous voulons comprendre la suite des événements, que cette hégémonie fut durant plusieurs décennies bénéfique. Sans cette reconnaissance du caractère généralement bienfaisant de la domination américaine des années 1950-1990, nous ne pouvons pas saisir l'importance du basculement ultérieur des États-Unis de l'utilité dans l'inutilité ; et les difficultés qui découlent, pour eux comme pour nous, d'une telle inversion.

L'hégémonie des années 1950-1990 sur la partie non communisée de la planète a presque mérité le nom d'empire. Ses ressources économiques, militaires et idéologiques ont alors donné, un temps, à l'Amérique toutes les dimensions de la puissance impériale. La prédominance des principes économiques libéraux dans la sphère politiquement et militairement dirigée de Washington a fini par transformer le monde — c'est ce que l'on appelle la globalisation. Elle a aussi affecté dans la durée, mais en profondeur, la structure interne de la nation dominante, affaiblissant son économie et déformant sa société. Le processus a d'abord été lent, progressif. Sans que les acteurs de l'histoire s'en soient bien rendu compte, une relation de dépendance s'est établie entre les États-Unis et leur sphère de prééminence. Un déficit commercial américain est apparu, dès le début des années 70, élément structurel de l'économie mondiale.

L'effondrement du communisme a entraîné une dramatique accélération du processus de mise en dépendance. Entre 1990 et 2000, le déficit commercial américain est passé de 100 à 450 milliards de dollars. Pour équilibrer ses comptes extérieurs, l'Amérique a besoin d'un flux de capitaux extérieurs de volume équivalent. En ce début de troisième millénaire, les États-Unis ne peuvent plus vivre de leur seule production. Au moment même où le monde, en cours de stabilisation éducative, démographique et démocratique, est sur le point de découvrir qu'il peut se passer de l'Amérique, *l'Amérique s'aperçoit qu'elle ne peut plus se passer du monde.*

Le débat sur la « mondialisation » est partiellement déconnecté de la réalité parce qu'on accepte trop souvent la représentation orthodoxe d'échanges commerciaux et financiers symétrisés, homogènes, dans lesquels aucune nation n'occupe de place particulière. Les notions abstraites de travail, de profit, de liberté de circulation du capital masquent un élément fondamental : le rôle spécifique de la plus importante des nations dans la nouvelle organisation du monde économique. Si l'Amérique a beaucoup décliné sous le rapport de la puissance économique relative, elle a réussi à augmenter massivement sa capacité de prélèvement sur l'économie mondiale : elle est devenue objectivement pré-datrice. Une telle situation doit-elle être interprétée comme un signe de puissance ou de faiblesse ? Ce qui est sûr, c'est que l'Amérique va devoir lutter, politiquement, militaire-ment, pour maintenir une hégémonie désormais indispen-sable à son niveau de vie.

Cette inversion du rapport de dépendance économique est le deuxième facteur lourd, qui, combiné au premier, la multiplication des démocraties, permet d'expliquer l'étran-geté de la situation mondiale, le comportement bizarre des États-Unis et le désarroi de la planète. *Comment gérer une superpuissance économiquement dépendante mais politi-quement inutile ?*

Nous pourrions arrêter ici l'élaboration de ce modèle inquiétant, et nous rassurer en nous rappelant qu'après tout l'Amérique est une démocratie, que les démocraties ne se font pas la guerre, et que, par conséquent, les États-Unis ne peuvent devenir dangereux pour le monde, agressifs et fau-teurs de guerre. À travers essais et erreurs, le gouvernement de Washington trouvera finalement les voies de la réadap-tation économique et politique à ce monde nouveau. Pourquoi pas ? Mais nous devons aussi être conscients que la crise des démocraties avancées, de plus en plus visible, de plus en plus préoccupante, surtout en Amérique, ne nous permet plus de considérer les États-Unis comme pacifiques par nature.

L'histoire ne s'arrête pas : l'émergence planétaire de la démocratie ne doit pas en effet nous faire oublier que les démocraties les plus anciennes — les États-Unis, la Grande-Bretagne, la France notamment — continuent d'évoluer. Tout indique, actuellement, qu'elles se transforment pro-gressivement en systèmes oligarchiques. Le concept d'*in-version*, utile pour comprendre le rapport économique des États-Unis à la planète, l'est également pour analyser le dynamisme démocratique dans le monde. La démocratie progresse là où elle était faible, mais régresse là où elle était forte.

La dégénérescence de la démocratie américaine et la guerre comme possible

La force de Fukuyama est d'avoir très vite identifié un processus de stabilisation du monde non occidental. Mais sa perception des sociétés, on l'a vu, reste influencée par l'économisme ; il ne fait pas du facteur éducatif le moteur central de l'histoire et s'intéresse peu à la démographie. Fukuyama ne voit pas que l'alphabétisation de masse est la *variable indépendante, explicative*, au cœur de la poussée démocratique et individualiste qu'il décèle. De là vient son erreur majeure : déduire une fin de l'histoire de la généralisation de la démocratie libérale. Une telle conclusion présuppose que cette forme politique est stable sinon parfaite, et que son histoire s'arrête une fois qu'elle est réalisée. Mais si la démocratie n'est que la superstructure politique d'une étape culturelle, l'instruction primaire, la continuation de la poussée éducative, avec le développement des enseignements secondaire et supérieur, ne peut que la déstabiliser là où elle était apparue en premier, au moment même où elle s'affirme dans les pays qui atteignent seulement le stade de l'alphabétisation de masse[1].

Éducation secondaire et surtout supérieure réintroduisent dans l'organisation mentale et idéologique des sociétés développées la notion d'inégalité. Les « éduqués supérieurs », après un temps d'hésitation et de fausse

---

1. Sur le détail de ce mécanisme voir mon livre, *L'illusion économique*, Gallimard, 1998, nouvelle édition « Folio », chap. 5.

conscience, finissent par se croire réellement supérieurs. Dans les pays avancés émerge une nouvelle classe, pesant, en simplifiant, 20 % de la structure sociale sur le plan numérique, et 50 % sur le plan monétaire. Cette nouvelle classe a de plus en plus de mal à supporter la contrainte du suffrage universel.

La poussée de l'alphabétisation nous avait fait vivre dans le monde de Tocqueville, pour qui la marche de la démocratie était « providentielle », presque l'effet d'une volonté divine. La poussée de l'éducation supérieure nous fait aujourd'hui vivre une autre marche « providentielle », et calamiteuse : vers l'oligarchie. C'est un surprenant retour au monde d'Aristote, dans lequel l'oligarchie pouvait succéder à la démocratie.

Au moment même où la démocratie commence de s'implanter en Eurasie, elle s'étiole donc en son lieu de naissance : la société américaine se transforme en un système de domination fondamentalement inégalitaire, phénomène parfaitement conceptualisé par Michael Lind dans *The Next American Nation*[1]. On trouve en particulier dans ce livre la première description systématique de la nouvelle classe dirigeante américaine postdémocratique, *the overclass*.

Ne soyons pas jaloux. La France est presque aussi avancée que les États-Unis dans cette voie. Curieuses « démocraties » que ces systèmes politiques au sein desquels s'affrontent élitisme et populisme, où subsiste le suffrage universel, mais dans lequel les élites de droite et de gauche sont d'accord pour interdire toute réorientation de la politique économique qui conduirait à une réduction des inégalités. Univers de plus en plus loufoque dans lequel le jeu électoral doit aboutir, au terme d'un titanesque affronte-

---

1. Michael Lind, *The Next American Nation. The New Nationalism and the Fourth American Revolution*, The Free Press, New York, 1995.

ment médiatique, au statu quo. La bonne entente au sein des élites, reflet de l'existence d'une vulgate supérieure, interdit que le système politique apparent se désintègre, même lorsque le suffrage universel suggérerait la possibilité d'une crise. George W. Bush est choisi comme président des États-Unis, au terme d'un processus opaque qui ne permet pas d'affirmer qu'il l'a emporté au sens arithmétique. Mais l'autre grande république « historique », la France, s'offre, peu de temps après, le cas contraire, et donc fort proche dans la logique de Sacha Guitry, d'un président élu avec 82 % des suffrages. Le presque unanimisme français résulte d'un autre mécanisme sociologique et politique de verrouillage des aspirations venues des 20 % d'en bas par les 20 % d'en haut, qui pour l'instant contrôlent idéologiquement les 60 % du milieu. Mais le résultat est le même : le processus électoral n'a aucune importance pratique; et le taux d'abstention s'élève irrésistiblement.

En Grande-Bretagne, les mêmes processus de restratification culturelle sont à l'œuvre. Ils furent précocement analysés, par Michael Young dans *The Rise of the Meritocracy*, court essai réellement prophétique puisqu'il date de 1958[1]. Mais la phase démocratique de l'Angleterre a été tardive et modérée : le passé aristocratique si proche, toujours incarné dans la persistance d'accents de classes d'une netteté extrême, facilite une transition en douceur vers le monde nouveau de l'oligarchie occidentale. La nouvelle classe américaine est d'ailleurs vaguement envieuse, ce qu'elle manifeste par une posture anglophile, nostalgique d'un passé victorien qui n'est pas le sien[2].

Il serait donc inexact et injuste de restreindre la crise de la démocratie aux seuls États-Unis. La Grande-Bretagne et

1. Michael Young, *The Rise of the Meritocracy*, Penguin, Harmondsworth, 1961; première édition 1958.
2. Michael Lind, *op. cit.*, p. 145.

la France, les deux vieilles nations libérales associées par l'histoire à la démocratie américaine, sont engagées dans des processus de dépérissement oligarchique parallèles. Mais elles sont, dans le système politique et économique mondial globalisé, des dominés. Elles doivent donc tenir compte de l'équilibre de leurs échanges commerciaux. Leurs trajectoires sociales doivent, à un moment donné, se séparer de celle des États-Unis. Et je ne pense pas que l'on pourra parler un jour des « oligarchies occidentales » comme on parlait autrefois des « démocraties occidentales ».

Mais telle est la deuxième grande inversion qui explique la difficulté des rapports entre l'Amérique et le monde. Les progrès planétaires de la démocratie masquent l'affaiblissement de la démocratie en son lieu de naissance. L'inversion est mal perçue par les participants au jeu planétaire. L'Amérique manie toujours fort bien, par habitude plus que par cynisme, le langage de la liberté et de l'égalité. Et bien sûr, la démocratisation de la planète est loin d'être achevée.

Mais ce passage à un stade nouveau, oligarchique, annule l'application aux États-Unis de la loi de Doyle sur les conséquences inévitablement apaisantes de la démocratie libérale. Nous pouvons postuler des comportements agressifs de la part d'une caste dirigeante mal contrôlée, et une politique militaire plus aventureuse. En vérité, si l'hypothèse d'une Amérique devenue oligarchique nous autorise à restreindre le domaine de validité de la loi de Doyle, elle nous permet surtout d'accepter la réalité empirique d'une Amérique agressive. Nous ne pouvons même plus exclure a priori l'hypothèse stratégique d'une Amérique agressant des démocraties, récentes ou anciennes. Avec un tel schéma nous réconcilions — non sans une certaine malice il est vrai — les « idéalistes » anglo-saxons qui attendent de la démocratie libérale la fin des conflits militaires et les « réalistes » de même culture qui perçoivent le champ des relations internationales comme un espace anarchique peuplé d'États agressifs dans l'éternité des siècles. Admettant que la démocratie libérale mène à la paix, nous admettons aussi que son dépérissement peut ramener la guerre. Même si la loi de Doyle est vraie, il n'y aura pas de paix perpétuelle d'esprit kantien.

Un modèle explicatif

Je vais développer dans cet essai un modèle explicatif formellement paradoxal, mais dont le cœur se résume assez simplement : au moment même où le monde découvre la démocratie et apprend à se passer politiquement de l'Amérique, celle-ci tend à perdre ses caractéristiques démocratiques et découvre qu'elle ne peut se passer économiquement du monde.

La planète est donc confrontée à une double inversion : inversion du rapport de dépendance économique entre le monde et les États-Unis ; inversion de la dynamique démocratique, désormais positive en Eurasie et négative en Amérique.

Ces processus socio-historiques lourds étant posés, on peut comprendre l'étrangeté apparente des actions américaines. L'objectif des États-Unis n'est plus de défendre un ordre démocratique et libéral qui se vide lentement de sa substance en Amérique même. L'approvisionnement en biens divers et en capitaux devient primordial : le but stratégique fondamental des États-Unis est désormais le contrôle politique des ressources mondiales.

Cependant, la puissance économique, militaire et idéologique déclinante des États-Unis ne leur permet pas de maîtriser effectivement un monde devenu trop vaste, trop peuplé, trop alphabétisé, trop démocratique. La mise au pas des obstacles réels à l'hégémonie américaine, les vrais acteurs stratégiques que sont la Russie, l'Europe et le Japon, est un objectif inaccessible parce que démesuré. Avec ceux-là, l'Amérique doit négocier, et le plus souvent plier. Mais elle doit trouver une solution, réelle ou fantasmatique, à son angoissante dépendance économique ; elle doit rester au moins symboliquement *au centre* du monde, et pour cela mettre en scène sa « puissance », pardon, sa « toute-puissance ». Nous assistons donc au développement d'un militarisme théâtral, comprenant trois éléments essentiels :

— Ne jamais résoudre définitivement un problème, pour justifier l'action militaire indéfinie de l'« unique superpuissance » à l'échelle planétaire.

— Se fixer sur des micropuissances — Irak, Iran, Corée du Nord, Cuba, etc. La seule façon de rester politiquement au cœur du monde est d'« affronter » des acteurs mineurs, valorisant pour la puissance américaine, afin d'empêcher, ou du moins de retarder la prise de conscience des puissances majeures appelées à partager avec les États-Unis le contrôle de la planète : l'Europe, le Japon et la Russie à moyen terme, la Chine à plus long terme.

— Développer des armes nouvelles supposées mettre les États-Unis « loin devant », dans une course aux armements qui ne doit jamais cesser.

Cette stratégie fait certes de l'Amérique un obstacle nouveau et inattendu à la paix du monde, mais elle n'est pas d'une ampleur menaçante. La liste et la taille des pays cibles définit objectivement la puissance de l'Amérique, capable au plus d'affronter l'Irak, l'Iran, la Corée du Nord ou Cuba. Il n'y a aucune raison de s'affoler et de dénoncer l'*émer-*

gence d'un empire américain qui est en réalité en cours de décomposition, une décennie après l'empire soviétique.

Une telle représentation des rapports de force planétaires conduira naturellement à quelques propositions d'ordre stratégique, dont le but ne sera pas d'accroître les gains de telle ou telle nation, mais de gérer au mieux pour toutes le déclin de l'Amérique.

CHAPITRE 1

Le mythe du terrorisme universel

L'image du monde qui a submergé les Occidentaux ces dix ou quinze dernières années est catastrophique. Jour après jour, nos médias ont façonné l'image d'une planète structurée par la haine, ravagée par la violence, où se succèdent, à une cadence accélérée, massacres des individus et des peuples : génocide rwandais, affrontements religieux nigérians ou ivoiriens, luttes de clans somaliens, guerre civile indescriptible de Sierra Leone, criminalité et viols dans une Afrique du Sud pourtant libérée de l'apartheid, assassinats de fermiers blancs au Zimbabwe, terrorisme de masse en Algérie. Changeons de continent : révolution islamique en Iran, bien apaisée quand même ces jours-ci, conflit de Tchétchénie, anarchie en Géorgie, guerre entre l'Arménie et l'Azerbaïdjan pour la possession du Haut-Karabakh, revendication autonomiste des Kurdes de Turquie ou d'Irak, guerre civile au Tadjikistan, attentats cachemiri en Inde, insurrection tamoule au Sri Lanka, affrontements entre hindouistes et musulmans au Gudjarat, guérilla musulmane au sud des Philippines, islamisme radical d'Aceh au nord de Sumatra, massacre des chrétiens du Timor-Oriental par les forces spéciales indonésiennes, régime bouffon des talibans en Afghanistan. L'Amérique latine, avec les prises d'otages gauchistes de Colombie et la révolte du sous-commandant Marcos, fait presque figure de continent paisible. Y compris à côté de l'Europe, où la décomposition de la Yougoslavie, les massacres de Croates, de Bosniaques musulmans, de Serbes et de Kosovars ont pu donner l'impression que, telle une marée montante, la violence allait se répandre sur notre monde à nous, paisible, riche et vieux. Il serait injuste de ne pas mentionner la répression par le régime chinois des manifestations d'étudiants sur la place Tian'anmen en en 1989. N'oublions pas non plus ce sommet de la déraison humaine qu'est l'affrontement israélo-palestinien. Achevons quand même cette liste par la chute des tours du World Trade Center, perpétrée au nom d'Allah par des hommes suicidaires venus de ce que l'on avait coutume d'appeler le tiers-monde.

Pas plus que les médias tel ou tel jour, je ne prétends être exhaustif. Il est cependant difficile de ne pas tirer de cette liste d'événements meurtriers le sentiment que le monde est en folie et que nous vivons sur une île à peu près préservée — à moins de considérer les incendies de voitures dans nos banlieues, les attaques de synagogues en France au printemps 2002 et la présence de Jean-Marie Le Pen au second tour de la dernière élection présidentielle comme les prémices d'une barbarisation de l'Occident.

La représentation dominante d'un monde ravagé par la violence encourage une vision spécifique de l'histoire : celle d'une régression. Toutes ces tueries ne peuvent avoir qu'une signification : la planète sombre, le développement échoue, le progrès doit être remisé au rayon des concepts périmés, comme une vieille illusion du xviiie siècle européen.

Certains éléments objectivement régressifs peuvent être décrits avec rigueur dans la situation actuelle. Au-delà des images frappantes de la télévision, nous pouvons mesurer la baisse des taux de croissance dans le monde, la montée des inégalités, à l'intérieur des sociétés pauvres comme des sociétés riches, phénomènes associés à la globalisation économique et financière. Ils découlent logiquement et simplement du libre-échange[1] qui, mettant en concurrence les populations actives de tous les pays du monde, entraîne l'écrasement des salaires et la stagnation de la demande globale ; il tend de plus à introduire dans chaque société un niveau d'inégalité qui correspond à l'écart de revenus existant entre les riches des pays riches et les pauvres des pays pauvres. Mais si l'on refuse de s'abandonner à un économisme simplet, de gauche ou de droite, marxiste ou néolibéral, on peut mesurer, grâce à un immense matériel statistique, la formidable progression culturelle du monde actuel, qui s'exprime par deux paramètres fondamentaux : la généralisation de l'alphabétisation de masse et la diffusion du contrôle des naissances.

La révolution culturelle

Entre 1980 et 2000, le taux d'alphabétisation des individus de 15 ans et plus, c'est-à-dire la proportion de la population adulte qui sait lire et écrire, est passé de 40 à 67 % au Rwanda, de 33 à 64 % au Nigeria, de 27 à 47 % en Côte d'Ivoire, de 40 à 63 % en Algérie, de 77 à 85 % en Afrique du Sud, de 80 à 93 % au Zimbabwe, de 85 à 92 % en Colombie. Même en Afghanistan, le taux d'alphabétisation a augmenté de 18 à 47 % dans la même période. En Inde, il a progressé de 41 à 56 %, au Pakistan de 28 à 43 %, en Indonésie de 69 à 87 %, aux Philippines de 89 à 95 %, au Sri Lanka de 85 à 92 %, au Tadjikistan de 94 à 99 %. En Iran la proportion d'individus sachant lire et écrire est montée de 51 % en 1980, époque du déclenchement de la révolution

---

1. Pour une analyse détaillée, voir *L'illusion économique, op. cit.,* chap. 6.

khomeyniste, à 77 % en 2000. En Chine, le taux d'alphabétisation, déjà de 66 % en 1980, est aujourd'hui de 85 %.

Cet exercice peut être réalisé pour tous les pays pauvres,
qui semblent engagés dans une course générale au développement culturel, y compris les plus attardés comme le Mali
où le taux d'alphabétisation est quand même passé de 14 %
en 1980 à 40 % en 2000, ou le Niger, avec une progression
plus modeste, de 8 à 16 %. Ce pourcentage est encore faible,
mais si l'on ne considère que les jeunes, âgés de 15 à 24 ans,
le Niger atteint déjà 22 % d'alphabétisés et le Mali 65 %.
Le processus n'est pas achevé ; les niveaux de développement culturel restent très divers. Mais on peut entrevoir,
dans un futur qui n'est pas si lointain, une planète univer-
sellement alphabétisée. Si l'on tient compte d'un principe
d'accélération, nous pouvons considérer que, pour les générations jeunes, l'alphabétisation universelle de la planète
sera réalisée à l'horizon de 2030. L'invention de l'écriture
remontant à environ 3000 av. J.-C., il aura donc fallu cinq
mille ans à l'humanité pour réaliser dans son intégralité la
révolution liée à l'écrit.

Alphabétisation et globalisation

L'apprentissage de la lecture et de l'écriture — sans
oublier le calcul élémentaire, qui les accompagne — n'est
qu'un aspect, qu'une étape de la révolution mentale qui a
fini par s'étendre à toute la planète. Lorsqu'ils savent lire,
écrire et compter, les hommes en viennent presque naturellement à prendre le contrôle de leur environnement matériel. En Asie et en Amérique latine aujourd'hui, comme en
Europe entre le xviiᵉ et le début du xxᵉ siècle, le décollage
économique est une conséquence presque automatique du
développement éducatif. Dans le contexte du libre-échange

et de la globalisation financière, la croissance économique est freinée, déformée, mais elle existe. Américains, Européens et Japonais doivent être conscients du fait que les délocalisations d'usines vers les zones à faibles salaires n'auraient pu intervenir en l'absence des progrès éducatifs brésilien, mexicain, chinois, thaïlandais ou indonésien.

Les travailleurs de l'ancien tiers-monde, dont les salaires comprimés pèsent sur ceux de l'Amérique, de l'Europe ou du Japon, savent lire, écrire et compter, *et c'est pour cela qu'ils sont exploitables.* Là où le processus éducatif n'est pas achevé, comme en Afrique, les transferts d'usines ne se font pas. La globalisation économique n'est pas un principe atemporel, mais une technique d'optimisation du profit dans un environnement mondial historiquement spécifique : l'abondance relative d'une main-d'œuvre alphabétisée hors des premiers centres du décollage industriel.

Nous devons aussi tenir compte du facteur éducatif pour comprendre les motivations des mouvements migratoires actuels vers l'Europe et les États-Unis. Les individus qui se pressent aux portes du monde riche sont certes poussés par la misère matérielle de pays encore très pauvres. Mais leur volonté d'échapper à la misère révèle un niveau d'aspiration qui s'élève et découle lui-même des taux d'alphabétisation désormais substantiels des pays d'origine. Les conséquences de l'éducation sont innombrables. L'une d'elles est de déraciner mentalement les populations.

La révolution démographique

Lorsque les hommes, ou plus exactement, les femmes savent lire et écrire, commence le contrôle de la fécondité. Le monde actuel, qui entrevoit pour 2030 une alphabétisation généralisée, est également en train d'achever sa transition démographique. En 1981, l'indice mondial de fécondité était encore de 3,7 enfants par femme. Un tel taux assurait une expansion rapide de la population de la planète et rendait vraisemblable l'hypothèse d'un sous-développement persistant. En 2001, l'indice mondial de fécondité est tombé à 2,8 enfants par femme, désormais très proche du 2,1 n'assurant plus qu'une reproduction simple, 1 pour 1, de la population. Ces quelques chiffres permettent d'envisager, dans un futur qui cesse d'être indéterminé, pour 2050 peut-être, une population stationnaire, un monde en équilibre.

Lorsque l'on examine les indices de fécondité pays par pays, on ne peut qu'être frappé par l'effacement de la frontière arithmétique entre mondes développé et sous-développé.

Tableau 1. La fécondité dans le monde

	1981	2001		1981	2001
États-Unis	1,8	2,1	Inde	5,3	3,2
Canada	1,8	1,4	Sri Lanka	3,4	2,1
Royaume-Uni	1,9	1,7			
France	1,9	1,9	Argentine	2,9	2,6
Allemagne	1,3	1,3	Mexique	4,8	2,8
Italie	1,7	1,3	Bolivie	6,8	4,2
Espagne	2,5	1,2	Pérou	5,3	2,9
			Brésil	4,4	2,4
Allemagne de l'Est	1,9		Colombie	3,9	2,6
Roumanie	2,5	1,3	Venezuela	4,9	2,9
Pologne	2,3	1,4			
Russie	2,0	1,2	Afrique du Sud	5,1	2,9
Ukraine	1,9	1,1	Rwanda	6,9	5,8
			Zambie	6,9	6,1
Japon	1,8	1,3	Zimbabwe	6,6	4,0
Chine	2,3	1,8	Kenya	8,1	4,4
Taïwan	2,7	1,7	Tanzanie	6,5	5,6
Corée du Sud	3,2	1,5	Éthiopie	6,7	5,9
Corée du Nord	4,5	2,3	Zaïre	6,1	7,0
Vietnam	5,8	2,3	Côte d'Ivoire	6,7	5,2
Thaïlande	3,7	1,8	Sierra Leone	6,4	6,3
Philippines	5,0	3,5	Liberia	6,7	6,6

Indice conjoncturel de fécondité, nombre d'enfants par femme.
Source : *Population et sociétés*, sept. 1981 et juil.-août 2001, n° 151 et 370, INED.

Le tableau 1 présente la fécondité en 1981 et 2001 d'un échantillon comprenant les plus peuplés ou les plus significatifs des pays du monde. Un très grand nombre d'entre eux ont des taux de fécondité compris entre deux et trois enfants par femme. Certains pays classés il y a peu comme sous-développés ont des taux de fécondité égaux à ceux de pays occidentaux. La Chine et la Thaïlande avec 1,8 enfant par femme se situent quelque part entre la France et le Royaume-Uni, 1,9 et 1,7 respectivement. L'Iran, membre de droit de l'« axe du mal », avec 2,1 en 2002 (2,6 encore en 2001) a le même taux que les États-Unis, leader autoproclamé, et bientôt je l'espère membre unique, de l'axe du bien[1].

La transition démographique n'est pas achevée partout. On peut encore noter, par exemple, la Bolivie à 4,2 enfants par femme ; une partie du monde musulman et la majorité de l'Afrique conservent des niveaux de fécondité élevés. Mais même en Afrique, à l'exception de pays marginaux comme le Niger ou la Somalie, on voit bien que le mouvement de baisse est amorcé ; et il est très avancé dans la majorité des pays musulmans.

L'examen des indices de fécondité nous révèle surtout que le monde musulman, en tant qu'entité démographique, n'existe pas. La dispersion des taux est maximale, allant de 2 enfants par femme en Azerbaïdjan à 7,5 au Niger. L'islam concret est comme un résumé complet du tiers-monde en transition. Les ex-républiques soviétiques du Caucase et de l'Asie centrale, fort bien alphabétisées par le régime communiste, sont en pointe avec des taux compris entre 2 pour l'Azerbaïdjan et 2,7 pour l'Ouzbékistan. La Tunisie est assez avancée, à 2,3, faisant nettement mieux que l'Algérie à 3,1 et le Maroc à 3,4. Mais, dans l'ensemble, le Maghreb colo-

---

1. Sur le détail de la transition démographique iranienne, voir Marie Ladier, *Population, société et politique en Iran, de la monarchie à la république islamique*, thèse EHESS, Paris, 1999.

Tableau 2. La fécondité dans les pays musulmans

	1981	2001		1981	2001
Azerbaïdjan	3,1	2,0	Libye	7,4	3,9
Turkménistan	4,8	2,2	Qatar	7,2	3,9
Tunisie	5,0	2,3	Syrie	7,2	4,1
Kirghizistan	4,1	2,4	Koweït	7,0	4,2
Tadjikistan	5,6	2,4	Soudan	6,6	4,9
Liban	4,7	2,5	Irak	7,0	5,3
Turquie	4,3	2,5	Pakistan	6,3	5,6
Iran	5,3	2,6	Arabie saoudite	7,2	5,7
Indonésie	4,1	2,7	Sénégal	6,5	5,7
Ouzbékistan	4,8	2,7	Nigeria	6,9	5,8
Bahreïn	7,4	2,8	Palestine	6,9	5,9
Algérie	7,3	3,1	Afghanistan	6,9	6,0
Malaisie	4,4	3,2	Mauritanie	6,9	6,0
Bangladesh	6,3	3,3	Oman	7,2	6,1
Maroc	6,9	3,4	Mali	6,7	7,0
Égypte	5,3	3,5	Yémen	7,0	7,2
Émirats arabes unis	7,2	3,5	Somalie	6,1	7,3
Jordanie	4,3	3,6	Niger	7,1	7,5

Indice conjoncturel de fécondité, nombre d'enfants par femme.
Source : *Population et sociétés*, sept. 1981 et juil.-août 2001, nᵒˢ 151 et 370, INED.

nisé par la France a progressé plus vite que le Proche-Orient, cœur du monde arabe, et qui a mieux échappé à l'emprise directe de l'Europe.

Ceux qui considèrent la maîtrise de la fécondité comme une composante nécessaire du progrès doivent admettre l'évidence d'une influence positive de la France en Afrique du Nord et, encore plus nettement, de la Russie en Asie centrale. L'action de la France a été diffuse, effet complexe des allers-retours migratoires et du contact avec les mœurs hexagonales, ainsi que l'a montré Youssef Courbage[1]. L'action de la Russie a été directe et décisive : l'Union soviétique a assuré l'alphabétisation totale de sa sphère,

1. Youssef Courbage, « Demographic transition among the Maghreb peoples of North Africa and in the emigrant community abroad », in Peter Ludlow, *Europe and the Mediterranean*, Brassey's, Londres, 1994.

performance jamais réalisée ailleurs par une autre puissance coloniale. Le colonialisme de variété communiste a donc laissé quelques traces positives. Des pays musulmans non arabes comme la Turquie, avec un indice de 2,5 en 2001, et l'Iran à 2,1 en 2002, jamais colonisés, ont presque achevé leur transition démographique. Encore plus loin du monde arabe, des pays tardivement islamisés comme l'Indonésie et la Malaisie[1] approchent également du terme de la leur, avec des indices de 2,7 et 3,2 respectivement.

Le monde arabe non colonisé — ou tardivement et superficiellement colonisé — est moins avancé. Il progresse néanmoins très vite. En 2001, la fécondité était encore en Syrie de 4,1 enfants par femme. L'Égypte était quand même à 3,5, à peine en retard sur le Maroc.

Dans un certain nombre de pays musulmans, la diffusion du contrôle des naissances n'en est qu'à ses débuts, avec des indices de fécondité qui restent supérieurs à 5 : 5,3 en Irak, 5,6 au Pakistan, 5,7 en Arabie saoudite, 5,8 au Nigeria[2]. Le taux élevé de la Palestine, 5,9, est une anomalie sociologique et historique : une fécondité de combat liée à l'occupation, qui a d'ailleurs sa contrepartie dans la forte natalité des Juifs d'Israël, déviante pour une population occidentale de niveau éducatif élevé. Le détail des données suggère en fait une véritable scission culturelle de la population juive, avec un taux moyen de 2,4 pour les « laïcs » et les « religieux modérés », mais de 5 pour les « religieux orthodoxes » et « ultra-orthodoxes », ce dernier chiffre étant le résultat d'une remontée de la fécondité[3].

---

1. Il y a une forte minorité chinoise en Malaisie.
2. Il y a une forte minorité chrétienne au Nigeria.
3. Youssef Courbage, « Israël et Palestine : combien d'hommes demain ? », *Population et sociétés*, n° 362, novembre 2000. Les ultra-orthodoxes sont à 7.

Reste un ensemble de pays musulmans où la transition démographique n'est pas véritablement enclenchée, et où l'indice de fécondité reste égal ou supérieur à 6 enfants par femmes : 6 en Afghanistan et en Mauritanie, 7 au Mali, 7,3 en Somalie, 7,5 au Niger. La montée de leur taux d'alphabétisation garantit cependant que ces pays n'échapperont pas au destin commun de l'humanité : la maîtrise de la fécondité.

La crise de transition

Ensemble, alphabétisation de masse et contrôle des naissances dessinent une histoire du monde autrement encourageante que celle diffusée par les actualités télévisées. Ces paramètres révèlent une humanité en train de s'arracher au sous-développement. Si nous les avions mieux en tête, nous ne serions pas seulement plus optimistes, nous serions en train de célébrer l'accession de l'homme à un stade décisif de son développement.

Les médias de masse, cependant, ne sont pas responsables de notre vision déformée de l'histoire. Le progrès n'est pas, comme le supposaient les philosophes des Lumières, une ascension linéaire, heureuse, facile sur tous les plans. L'arrachement à la vie traditionnelle, aux routines équilibrées de l'analphabétisme, de la haute fécondité et de la forte mortalité, produit dans un premier temps, paradoxalement, presque autant de désorientation et de souffrance que d'espoir et d'enrichissement. Très souvent, peut-être même dans une majorité de cas, le décollage culturel et mental s'accompagne d'une crise de transition. Les populations déstabilisées ont des comportements sociaux et politiques violents. L'accession à la modernité mentale s'accompagne fréquemment d'une explosion de violence idéologique.

Ce phénomène ne s'est pas manifesté pour la première fois dans le tiers-monde mais en Europe. La plupart de ses nations, aujourd'hui si paisibles, ont traversé une phase d'expression idéologique et politique brutale, sanglante. Les valeurs exprimées furent très diverses. Libérales et égalitaires durant la Révolution française, égalitaires et autoritaires durant la révolution russe, autoritaires et inégalitaires dans le cas du nazisme allemand. Mais n'oublions pas l'Angleterre, si raisonnable, qui fut pourtant la première nation révolutionnaire du continent, ouvrant son âge politique moderne par la décapitation d'un roi en 1649. La révolution anglaise, ancienne, illustre bien le paradoxe de la modernisation. Personne ne niera le rôle crucial que l'Angleterre a joué dans le décollage politique et économique de l'Europe. Ce fut un pays précocement alphabétisé. Mais l'un des premiers effets visibles du décollage anglais fut bien une crise idéologique, politique et religieuse dans son expression, menant à une guerre civile que les Européens auraient bien du mal à comprendre aujourd'hui.

Si nous désapprouvons leur violence, nous croyons saisir le sens général des affrontements liés à la Révolution française, au communisme russe, au nazisme allemand. Les valeurs exprimées par ces événements, positives ou négatives, semblent toujours modernes, parce que laïcisées. Mais combien d'Européens peuvent aujourd'hui choisir un camp dans le conflit métaphysique entre les protestants puritains de Cromwell et les cryptocatholiques partisans des rois Stuart ? C'est au nom de Dieu, que l'on s'est entre-tué — avec modération — en Angleterre au xviiᵉ siècle. Je doute que les Anglais eux-mêmes voient actuellement dans la dictature militaire de Cromwell une étape nécessaire menant à la *Glorious Revolution* libérale de 1688. Pierre Manent a eu raison de placer en tête de son anthologie du libéralisme le pamphlet du poète et révolutionnaire Milton

sur « la liberté d'imprimer sans autorisation ni censure »
datant de 1644[1]. On trouvera pourtant dans ce texte autant
de frénésie religieuse que de défense de la liberté ; et un
autre pamphlet du même auteur et militant justifiait cinq
ans plus tard l'exécution de Charles Ier.

Le Djihad au nom d'Allah des années récentes n'est
pas, *dans toutes ses dimensions*, d'une nature différente. S'il
est loin d'être toujours libéral, il ne représente cependant
pas, fondamentalement, une régression mais une crise de
transition. La violence, la frénésie religieuse ne sont que
temporaires.

Le cas de l'Iran est de ce point de vue exemplaire. En
1979, une révolution religieuse chassa le roi. Suivirent deux
décennies d'excès idéologiques et de luttes sanglantes. Mais
c'est bien un taux d'alphabétisation déjà élevé qui, dans un
premier temps, a mis en mouvement les masses iraniennes,
et dans un deuxième temps entraîné le pays dans une
modernisation mentale générale. La baisse de fécondité sui-
vit de peu la prise du pouvoir par l'ayatollah Khomeyni. Les
enjeux idéologiques, exprimés dans le langage de l'islam
chi'ite, sont inaccessibles aux Européens de tradition chrétienne ; ils n'ont pourtant pas moins de « sens » que les
conflits entre sectes protestantes à l'époque de Cromwell.
La dénonciation de l'injustice du monde par la théologie
chi'ite implique un potentiel révolutionnaire, tout comme la
métaphysique protestante originelle qui percevait l'homme
et la société comme corrompus. Luther et plus encore
Calvin, ces ayatollahs du xvie siècle, ont contribué à la naissance d'une société régénérée et épurée : l'Amérique, enfant
de l'exaltation religieuse tout autant que l'Iran moderne.

La révolution iranienne débouche aujourd'hui, à la surprise générale, et malgré le refus du gouvernement améri-

---

1. Pierre Manent, *Les libéraux*, Gallimard, 2001.

cain d'accepter l'évidence, sur une stabilisation démocratique, avec des élections qui, sans être libres, n'en sont pas moins essentiellement pluralistes, avec des réformateurs et des conservateurs, une gauche et une droite. La séquence alphabétisation-révolution-baisse de la fécondité, sans être universelle, est assez classique. L'alphabétisation des hommes progresse partout plus vite que celle des femmes, sauf aux Antilles. La déstabilisation politique, œuvre des hommes, précède donc en général la diffusion du contrôle des naissances, qui dépend surtout des femmes. En France, le contrôle des naissances se généralise après la Révolution de 1789; en Russie, la baisse massive de la fécondité a suivi la prise du pouvoir par les bolcheviques et a couvert l'ensemble de la période stalinienne[1].

Démographie et politique

Alphabétisation et baisse de la fécondité, deux phénomènes universels, rendent possible l'universalisation de la démocratie, phénomène observé et pressenti plutôt qu'expliqué par Fukuyama, qui ne saisit pas bien, dans son essai, la transformation mentale qui sous-tend la marche de l'histoire politique. Je sais d'expérience que l'hypothèse d'une corrélation entre chute de la fécondité et modernisation politique peut susciter, chez les politologues non démographes, comme chez les démographes non politologues, une certaine incrédulité. Il est tellement commode de détacher les uns des autres les divers plans de l'histoire humaine, de faire comme si la vie politique et la vie familiale étaient des choses séparées, vécues par des hommes et des femmes

---

1. Pour une analyse générale de ces interactions voir E. Todd, *L'enfance du monde. Structures familiales et développement*, Le Seuil, 1984, et *L'invention de l'Europe*, Le Seuil, 1990.

coupés en tranches, chacune de ces tranches vivant de son côté, soit la politique, soit la reproduction.

Pour tenter de convaincre le lecteur, je me permets de rappeler l'usage que j'avais fait de la baisse de la fécondité en la combinant avec d'autres indices, pour prévoir, en 1976, dans *La chute finale*, l'effondrement du communisme soviétique[1]. Les théories alors à la mode, et la plupart des soviétologues de métier, acceptaient l'hypothèse, proposée notamment par le dissident Alexandre Zinoviev, d'un *Homo sovieticus*, être de type nouveau façonné par soixante ans de dictature et de terreur. La constitution mentale altérée et immuable de cet *Homo sovieticus* devait assurer l'éternité du totalitarisme. Historien et démographe de formation, j'avais au contraire déduit de la baisse de la natalité en Union soviétique — 42,7 naissances pour 1 000 habitants en 1923-1927, 26,7 en 1950-1952, 18,1 en 1975 — l'émergence vraisemblable de Russes normaux, parfaitement capables de jeter à bas le communisme[2]. Dans le cas de la Russie comme dans ceux de la France et de l'Allemagne, la transition a été une phase particulièrement troublée durant laquelle la modification des conduites sexuelles a aggravé le désarroi lié à l'alphabétisation. Ce fut l'époque stalinienne.

Il faut, même si c'est difficile et paraît contredire l'évidence, accepter l'idée que les crises, les massacres que nous décrivent inlassablement les médias, ne sont pas, le plus souvent, des phénomènes simplement régressifs mais des dérèglements transitoires, liés au processus même de modernisation. Et que, mécaniquement, une stabilisation doit succéder aux troubles, en l'absence de toute intervention extérieure.

---

1. *La chute finale*, Robert Laffont, 1976. Voir *infra*, chap. 5.
2. Cf. Jean-Claude Chesnais, *La transition démographique*, Cahier de l'INED, n° 113, 1986, PUF, p. 122.

La transition islamique

Si l'on reprend la liste des régions du monde touchées par les phénomènes de violence au début du troisième millénaire, nous ne pouvons qu'être frappés par la fréquente présence des pays musulmans. Dans les années récentes s'est donc répandue la vision d'un islam particulièrement virulent, malfaisant, intrinsèquement problématique. Même si la Chine est désignée par Huntington comme le principal rival des États-Unis, c'est la virulence de l'islam et son conflit supposé avec l'Occident chrétien qui sous-tendent l'argumentation du *Choc des civilisations*. La charpente de cet ouvrage taillé à la hache est une classification selon la religion. Catégoriser la Russie comme orthodoxe et la Chine comme confucéenne ne peut qu'apparaître grotesque à qui connaît la non-religiosité fondamentale des paysans russes ou chinois. La faiblesse originelle de la religion dans ces deux pays a d'ailleurs largement contribué au succès des révolutions communistes de la première moitié du xxᵉ siècle.

La « théorie » de Huntington est essentiellement fille du Djihad moderne ; elle n'est qu'un retournement conceptuel de la vision de l'ayatollah Khomeyni, qui croyait, tout autant que le fin stratège américain, au conflit des civilisations.

Il n'est cependant pas nécessaire d'essentialiser l'islam, de stigmatiser sa prétendue préférence pour la guerre — révélée par le rôle militaire de Mahomet — ou de dénoncer l'assujettissement des femmes dans le monde arabe, pour comprendre la montée de passions idéologiques et de tueries dans cette sphère religieuse. Le monde musulman, très divers si l'on considère ses niveaux de développement éducatifs, est quand même globalement en retard sur l'Europe, la Russie, la Chine et le Japon. C'est pourquoi, en ce moment, dans la phase historique que nous traversons, de nombreux pays musulmans sont en train d'effectuer le grand passage. Ils quittent la routine mentale paisible d'un monde analphabète et marchent vers cet autre monde stable défini par l'alphabétisation universelle. Entre les deux, il y a les souffrances et les troubles du déracinement mental.

Un certain nombre de pays musulmans ont déjà achevé leur transition, au terme d'une crise intégriste qui a très logiquement concerné d'abord les jeunes nouvellement alphabétisés, avec en première ligne les étudiants en sciences. En Iran, la révolution s'apaise. En Algérie, l'islamisme du Fis, devenu terroriste et assassin, s'épuise. En Turquie, la montée en puissance des partis religieux n'a pas réussi à mettre en danger la laïcité hérité de Kemal Atatürk. On ne peut que suivre Gilles Kepel, lorsqu'il décrit dans *Jihad*, à l'échelle planétaire, la retombée de l'islamisme. Avec beaucoup de sûreté historique et sociologique, Kepel localise en Malaisie, pays dont le taux d'alphabétisation est particulièrement élevé (88 % en 2000), le début du reflux de la crise politico-religieuse[1].

À son examen presque exhaustif du déclin de l'islamisme, ajoutons l'échec subi par le militantisme religieux en Asie centrale. Il y a certes eu une guerre civile au Tadjikistan opposant des clans dont certains se réclamaient d'un islam épuré ; et l'Ouzbékistan vit quant à lui dans la peur d'une invasion fondamentaliste. La réalité cependant est que, dans les ex-républiques soviétiques d'Asie centrale, le facteur religieux ne joue qu'un rôle secondaire. De nombreux analystes attendaient que l'effondrement du communisme provoquât une explosion de sentiments religieux musul-

---

1. Gilles Kepel, *Jihad. Expansion et déclin de l'islamisme*, Gallimard, 2000, nouvelle édition « Folio ».

mans. Mais la Russie avait laissé ses anciennes possessions totalement alphabétisées et capables de réaliser entre 1975 et 1995 des transitions démographiques rapides[1]. Leurs régimes politiques portent encore bien des traits hérités du soviétisme et sont loin, c'est le moins qu'on puisse dire, d'être démocratiques ; mais ils ne sont nullement dominés par une problématique religieuse.

La crise à venir : Pakistan et Arabie saoudite

Certains pays musulmans, cependant, s'engagent seulement aujourd'hui dans la voie de l'alphabétisation et de la modernisation mentale. Les deux principaux, dans cette catégorie, sont l'Arabie saoudite — 35 millions d'habitants en 2001 — et le Pakistan — 145 millions —, deux acteurs de premier plan dans le processus qui a mené à l'attentat contre le World Trade Center et le Pentagone. Le Pakistan, son armée et ses services secrets avaient mis en place le régime des talibans, constitué en base arrière de l'organisation Al Qaida. L'Arabie saoudite a fourni la majorité des terroristes de l'opération suicide contre les États-Unis. Il existe évidemment un lien entre l'hostilité croissante à l'Amérique des populations de ces deux pays et le décollage culturel qui s'y amorce. En Iran, une semblable montée en puissance de l'antiaméricanisme avait été enclenchée par l'alphabétisation dans la deuxième moitié des années 70. Les responsables américains, avec l'expérience d'un Iran passé du statut d'allié à celui d'ennemi inexpiable, ont donc tout à fait raison de s'inquiéter de la fragilité de leur position stratégique de part et d'autre du golfe Persique. Arabie saoudite et Pakistan seront, pour au moins deux décennies,

---

1. Entre 1975 et 2000, le nombre d'enfants par femme est tombé de 5,7 à 2,7 en Ouzbékistan, de 5,7 à 2,2 au Turkménistan, de 6,3 à 2,4 au Tadjikistan.

des zones dangereuses, où l'instabilité devrait s'accroître dans des proportions importantes. Tout engagement dans cette double région comporte un risque, ainsi que la France l'a constaté à ses dépens en mai 2002 avec l'attentat suicide perpétré à Karachi contre un groupe de techniciens de la Délégation générale de l'armement.

Mais on ne peut en aucune manière déduire de l'hostilité de ces deux populations musulmanes, directement intégrées à la sphère de pouvoir américaine, l'existence d'un terrorisme universel. Une bonne partie du monde musulman est déjà en voie d'apaisement.

Il est trop facile de tirer de la statistique actuelle des crises une diabolisation de l'islam. Globalement, celui-ci traverse sa crise de modernisation et ne peut évidemment apparaître comme une oasis de paix. Les pays actuellement développés et apaisés ne peuvent quant à eux tirer aucune fierté de leur état actuel, et un retour méditatif sur leur propre histoire devrait les conduire à beaucoup de modestie. Les révolutions anglaise et française ont été des phénomènes violents, tout comme les communismes russe ou chinois, tout comme la poussée militariste et impérialiste japonaise. Les valeurs explicites associées à la guerre d'Indépendance et à la guerre de Sécession américaines nous sont certes immédiatement compréhensibles, pour des raisons de proximité historique et culturelle. Mais les États-Unis n'ont nullement échappé à la crise de transition[1]. Certains des débats idéologiques associés à la crise américaine nous sont quand même parfois difficilement accessibles, comme celui, fondamental, sur la couleur de la peau. Cette

---

1. Très classiquement, la guerre de Sécession a éclaté dans une phase de baisse de la fécondité des populations anglo-saxonnes originelles. Elle a fait, à elle seule, plus de victimes — 620 000 dont 360 000 nordistes — que tous les autres conflits (Vietnam compris) dans lesquels les États-Unis se sont engagés depuis 1776.

idiosyncrasie américaine n'est ni plus ni moins étrange pour un Français que le débat hystérique sur le statut de la femme qui caractérise les révolutions islamiques.

Le cas yougoslave : crises décalées et superposées

La dissolution du communisme et de la Yougoslavie, sans échapper à la loi générale associant progrès et désorientation mentale, présente des particularités qui tiennent au décalage des niveaux de développement, éducatif ou démographique, existant entre les diverses populations qui constituaient ensemble l'ancienne fédération[1]. Les transitions démographiques des Serbes, des Croates et des Slovènes, sans être aussi précoces que celles de l'Europe de l'Ouest, étaient pour l'essentiel achevées dès 1955. L'indice de fécondité était à cette date de 2,5 en Croatie et en Slovénie, de 2,8 dans l'ensemble de la Serbie. Dans le cas de ces républiques, le mouvement de l'alphabétisation avait enclenché, en parallèle, une chute de la fécondité et la poussée idéologique communiste. Plus au sud, en Bosnie, au Kosovo, en Macédoine, en Albanie, le communisme a alors été plaqué sur des sociétés qui n'avaient pas encore pleinement atteint l'étape de la modernisation éducative et mentale. Vers 1955, la fécondité était encore de 4,3 en Bosnie, de 4,7 en Macédoine, de 6,7 en Albanie et au Kosovo. Les taux intermédiaires de la Bosnie et de la Macédoine reflètent l'hétérogénéité religieuse des populations qui mêlent, en Bosnie, catholiques, orthodoxes et musulmans, au Kosovo et en Macédoine, orthodoxes et musulmans. Sans considérer

---

1. Sur l'évolution de la fécondité dans cette région, voir J.-P. Sardon, *Transition et fécondité dans les Balkans socialistes*, et B. Kotzamanis et A. Parant, *L'Europe des Balkans, différente et diverse ?* Colloque de Bari, juin 2001, Réseau Démo Balk.

ici la classification religieuse autrement que comme un
ensemble d'étiquettes permettant de désigner des systèmes
culturels différents, on doit constater que les populations
musulmanes de la région sont clairement décalées, en retard
sur les populations chrétiennes, dans leur mouvement vers
la modernité. Elles n'échappent cependant pas à la loi
commune de la transition. La fécondité est tombée à 2,3
dès 1975 en Bosnie, vers 1984 en Macédoine, vers 1998 au
Kosovo. L'Albanie a suivi de très près puisqu'à cette dernière date sa fécondité avait chuté à 2,5 enfants par femme.

Grâce à l'analyse démographique, nous pouvons donc
discerner, dans l'espace défini par l'ancienne Yougoslavie
et l'Albanie, deux crises de transition décalées. La première
est étalée des années 1930 à 1955, et a mené les populations « chrétiennes », Croates et Serbes principalement, à
la modernité démographique et mentale, à travers la crise
communiste. La deuxième, entre 1965 et 2000, a conduit les
populations converties à l'islam à la même modernité. Mais,
par ce qu'il faut bien considérer comme un accident de l'histoire, la révolution mentale tardive de l'espace musulman
a interféré avec l'effondrement du communisme, lequel
aurait dû représenter pour les Serbes et les Croates une
sorte de phase II, et une sortie de la crise de modernisation.
Tous ces peuples sont entremêlés et l'on peut admettre que
la sortie du communisme, qui n'était déjà pas techniquement un problème simple, a été transformée par la crise de
transition des populations musulmanes en un cauchemar
meurtrier.

Le fait que les premiers affrontements aient concerné les
Serbes et les Croates n'implique pas que le facteur « musulman » était inexistant aux premiers stades de la crise. Car
nous devons être conscients que le décalage des transitions
démographiques entretenait à l'échelle de la fédération
tout entière des modifications incessantes du poids relatif

des diverses populations et créait de ce fait une inquiétude généralisée quant à la maîtrise de l'espace. Ayant contrôlé plus tôt leur fécondité, les populations serbes et croates ont vu ralentir leur croissance et ont été confrontées à des populations « musulmanes » dont l'augmentation rapide évoquait un processus d'invasion ou de submersion démographique. L'obsession ethnique de l'après-communisme a été dramatisée par ces dynamiques démographiques différentielles. Elle s'est introduite dans la problématique de la séparation des Croates d'avec les Serbes.

Nous sommes ici dans un domaine, idéologique, mental, qui ne permet pas à proprement parler une vérification, au sens scientifique. Mais le nettoyage ethnique entre Serbes et Croates n'aurait sans doute pas pris l'ampleur que l'on sait sans le catalyseur musulman, c'est-à-dire la présence de sous-populations en croissance rapide mais entraînées à leur tour dans la crise de modernisation. La prise d'indépendance des Slovènes, situés au nord, loin de toute interaction avec les musulmans a provoqué à peine plus de réactions que la dissociation de la Tchécoslovaquie en ses composantes tchèque et slovaque.

Mon intention n'est pas d'essayer de démontrer, par cette analyse, l'inutilité de toute intervention humanitaire. Lorsque les pays concernés sont petits, on peut concevoir qu'une action venue de l'extérieur impose une baisse de la tension. Un effort de compréhension historique et sociologique devrait néanmoins accompagner les interventions des puissances militaires qui ont échappé depuis longtemps aux affres de la modernisation. La crise yougoslave a suscité beaucoup de postures morales et peu de travail d'analyse. C'est d'autant plus dommage qu'un simple examen de la carte du monde révèle l'existence d'une longue zone d'interaction, non pas entre chrétienté et islam comme le suggère Huntington, mais entre communisme et islam, allant de la Yougoslavie à l'Asie centrale. La conjonction accidentelle du reflux communiste et de la transition islamique, d'un achèvement et d'un début de modernisation mentale, aura été, dans les années 90 une occurrence fréquente, qui mériterait un examen sociologique général. Les affrontements du Caucase et ceux, plus brefs, d'Asie centrale présentent de nombreux points communs avec ceux de Yougoslavie. Reste que la superposition de deux crises de transition ne peut produire qu'une transition aggravée, en aucun cas définir un état structurel et permanent de conflit entre populations.

Patience et longueur de temps...

Le modèle associant à la modernisation mentale — avec ses deux composantes principales, l'alphabétisation et la chute de la fécondité — des troubles idéologiques et politiques opposant des classes, des religions, des peuples est très général. Sans échapper absolument à l'angoisse de la transition, quelques pays n'ont jamais sombré dans la violence de masse. Mais j'éprouve certaines difficultés à citer le nom d'un pays sage, par peur d'oublier telle ou telle crise, tel ou tel massacre. Les pays scandinaves ont peut-être échappé au pire, si l'on s'en tient au Danemark, à la Suède et à la Norvège. Car la Finlande, de langue finno-ougrienne, s'est quant à elle offert une guerre civile entre rouges et blancs, tout à fait honorable, au lendemain de la Première Guerre mondiale et dans les remous de la révolution russe.

Si l'on remonte à la Réforme protestante, point d'origine de la marche à l'alphabétisation, nous trouverons des Suisses fébriles, agités par la passion religieuse, parfaitement capables de s'entre-tuer au nom de grands principes, de brûler des hérétiques et des sorcières, mais sur le point d'acquérir, par cette crise précoce, leurs légendaires qualités de propreté et de ponctualité, en attendant de fonder la Croix-Rouge et de donner des leçons de concorde civile au monde. Alors, abstenons-nous, par simple décence, de catégoriser l'islam comme différent par nature et de juger son « essence ».

Les événements du 11 septembre 2001 ont malheureusement abouti, entre autres, à une généralisation du concept de « conflit de civilisation ». Le plus souvent, dans notre monde si « tolérant », par une dénégation : le nombre invraisemblable d'intellectuels et d'hommes politiques qui ont affirmé, dans les jours, les semaines, les mois suivant l'attentat, qu'il ne saurait y avoir de « conflit de civilisation » entre islam et chrétienté prouve assez que cette notion primitive est dans la tête de tous. Les bons sentiments, qui font désormais partie de notre *vulgate supérieure* — l'idéologie des 20 % d'en haut —, ont interdit une mise en accusation directe de l'islam. Mais l'intégrisme islamique a été codé en langage usuel par la notion d'un « terrorisme » que beaucoup veulent voir universel.

Ainsi qu'on vient de le voir, le 11 septembre est en fait intervenu dans une phase de régression de la fièvre islamiste. L'alphabétisation et le développement du contrôle des naissances permettent de suivre et d'expliquer, en profondeur, cette conjoncture idéologique. Une telle analyse autorise certes à affirmer que les États-Unis, et ceux de leurs alliés qui les suivront dans cette zone, n'en sont qu'aux tout début de leurs ennuis en Arabie saoudite et au Pakistan, puisque ces deux pays amorcent le grand saut dans la modernité et les convulsions qui accompagnent le plus souvent une telle expérience. Mais la notion de terrorisme universel qui permet à l'Amérique de se redéfinir en leader d'une « croisade » mondiale, d'intervenir n'importe où de façon ponctuelle et superficielle comme aux Philippines ou au Yémen, d'installer des bases en Ouzbékistan comme en Afghanistan, de pousser des pointes en Géorgie aux marges de la Tchétchénie, ne trouve aucune justification sociologique et historique dans l'examen de la réalité du monde. Absurde du point de vue du monde musulman, qui sortira de sa crise de transition sans intervention extérieure, par un processus d'apaisement automatique, la notion de terrorisme universel n'est utile qu'à l'Amérique si elle a besoin d'un Ancien Monde enflammé par un état de guerre permanent.

CHAPITRE 2

La grande menace démocratique

L'examen de paramètres éducatifs et démographiques à l'échelle planétaire donne de la chair à l'hypothèse de Fukuyama sur l'existence d'un sens de histoire. L'alphabétisation et la maîtrise de la fécondité apparaissent bien aujourd'hui comme des universels humains. Or il est facile d'associer ces deux aspects du progrès à la montée d'un « individualisme » dont le point d'aboutissement ne peut être que l'affirmation de l'individu dans la sphère politique. L'une des premières définitions de la démocratie fut celle d'Aristote, qui, parfaitement moderne, associait la liberté (*eleutheria*) à l'égalité (*isonomia*) pour permettre à l'homme de « mener sa vie comme il veut ».

L'apprentissage de la lecture et de l'écriture fait effectivement accéder chacun à un niveau supérieur de conscience. La chute des indices de fécondité révèle la profondeur de cette mutation psychologique, qui atteint largement le domaine de la sexualité. Il n'est donc pas illogique d'observer, dans ce monde qui s'unifie par l'alphabétisation et l'équilibre démographique, une multiplication des régimes politiques tendant vers la démocratie libérale. On peut émettre l'hypothèse que des individus rendus conscients et égaux par l'alphabétisation ne peuvent être indéfiniment gouvernés de façon autoritaire; ou, ce qui revient au même, que le coût pratique d'un autoritarisme exercé sur des populations éveillées à un certain type de conscience rend économiquement non compétitive la société qui le subit. En fait, on peut spéculer à l'infini sur les interactions entre éducation et démocratie. Cette association était parfaitement claire à des hommes comme Condorcet, qui avait placé le mouvement de l'éducation au cœur de son *Esquisse d'un tableau historique des progrès de l'esprit humain*[1]. Il n'est pas trop difficile d'expliquer par ce facteur lourd la vision qu'avait Tocqueville d'une marche « providentielle » de la démocratie.

Cette représentation me paraît beaucoup plus authentiquement « hégélienne » que celle de Fukuyama, qui patauge quelque peu dans l'économisme et l'obsession du progrès matériel. Elle me semble aussi plus réaliste, plus vraisemblable, en tant qu'explication de la multiplication des démocraties : en Europe de l'Est, dans l'ex-sphère soviétique, en Amérique latine, en Turquie, en Iran, en Indonésie, à Taïwan, en Corée. Car on ne peut guère expliquer la floraison de systèmes électoraux pluralistes par la prospérité croissante du monde. L'ère de la globalisation correspond dans le domaine économique à une chute des taux de croissance, à un ralentissement de la hausse du niveau de vie des masses, parfois même à des baisses, et presque toujours à une montée des inégalités. On voit mal le pouvoir explicatif d'une séquence « économiste » : comment une incertitude matérielle croissante pourrait-elle mener à une chute des régimes dictatoriaux et à une stabilisation des procédures électorales ? L'hypothèse éducative en revanche permet de saisir la marche de l'égalité sous le couvert de l'inégalité économique.

1. Écrit en 1793, édition de 1970, Vrin.

Quelles que soient les critiques adressées à Fukuyama, il n'est pas déraisonnable d'envisager son hypothèse d'un monde finalement unifié par la démocratie libérale, avec la conséquence éventuelle d'une paix générale découlant de la loi de Doyle sur l'impossibilité de la guerre entre les démocraties. Nous devons cependant admettre que les trajectoires suivies par les diverses nations et régions du monde sont assez diverses.

Le simple bon sens fait douter d'une convergence absolue, sur un modèle économique et politique libéral, de nations ayant vécu des expériences historiques aussi diverses que la révolution anglaise, la Révolution française, le communisme, le nazisme, le fascisme, le khomeynisme, le national-communisme vietnamien ou le régime des Khmers rouges. Fukuyama répond à ses propres doutes sur la réalité de la convergence lorsqu'il évoque l'actuelle démocratie japonaise, formellement parfaite mais qui a la particularité de maintenir au pouvoir, depuis la guerre, et à l'exception d'une courte hésitation de moins d'un an en 1993-1994, le parti libéral-démocrate. Au Japon, le choix des gouvernants se fait par une lutte de clans à l'intérieur du parti dominant. Selon Fukuyama, l'absence d'alternance des partis au pouvoir n'interdit nullement de qualifier le régime japonais de démocratique parce qu'elle résulte d'un libre choix des électeurs.

Le modèle suédois, structuré par une prédominance de longue durée du parti social-démocrate, n'est pas sans rappeler celui du Japon. Dans la mesure où le système suédois est apparu de façon endogène, sans occupation étrangère comme ce fut le cas au Japon, on peut sans doute accepter la définition par Fukuyama d'une démocratie libérale dont l'alternance ne serait pas un trait central.

Néanmoins, la coexistence de l'*alternance* anglo-saxonne

et de la *continuité* japonaise ou suédoise suggère l'existence de sous-types démocratiques bien distincts, donc d'une convergence qui ne peut être complète.

Diversité anthropologique initiale

Le problème fondamental sur lequel bute la science politique orthodoxe est qu'elle ne dispose aujourd'hui d'aucune explication convaincante de la divergence idéologique dramatique des sociétés dans leur phase de modernisation. On a vu au chapitre précédent ce que tous les décollages culturels avaient en commun : l'alphabétisation, la chute de la fécondité, l'activation politique de masse, sans oublier le désarroi et la violence de transition qui résultent du déracinement mental. Il faut cependant concéder que la dictature militaire de Cromwell, qui autorisa le partage des Églises entre sectes protestantes rivales, et la dictature bolchevique, qui étendit à un continent les camps de concentration, ont exprimé des valeurs différentes. Et que le totalitarisme communiste, fermement attaché au principe de l'égalité des hommes, diffère par les valeurs du nazisme, pour lequel l'inégalité des peuples était un article de foi. J'avais proposé en 1983, dans *La troisième planète. Structures familiales et systèmes idéologiques*, une explication d'ordre anthropologique à la divergence politique des sociétés dans leur phase de modernisation[1]. L'hypothèse familiale permet aujourd'hui de décrire et de comprendre la diversité persistante du monde démocratique qui est peut-être en train de naître.

---

1. Éditions du Seuil, réédité en 1999 dans *La diversité du monde*, Le Seuil.

Les systèmes familiaux des paysanneries déracinées par la modernité étaient porteurs de valeurs très diverses, libérales ou autoritaires, égalitaires ou inégalitaires, qui furent réutilisées comme matériaux de construction par les idéologies de la période de modernisation.

— Le libéralisme anglo-saxon projeta dans le domaine politique l'idéal d'indépendance mutuelle qui caractérisait les rapports entre parents et enfants dans la famille anglaise, ainsi que l'absence de référence égalitaire dans la relation entre frères.

— La Révolution française transfigura en une doctrine universelle de la liberté et de l'égalité des hommes le libéralisme de l'interaction entre parents et enfants et l'égalitarisme du lien entre frères typique des paysans du Bassin parisien du xviiie siècle.

— Les moujiks russes traitaient leurs fils de manière égalitaire mais les conservaient jusqu'à leur propre mort sous leur autorité, qu'ils fussent ou non mariés : l'idéologie russe de transition, le communisme, fut donc non seulement égalitaire, à la manière française, mais aussi autoritaire. Cette formule fut adoptée partout où des structures familiales de type russe prédominaient, en Chine, en Yougoslavie, au Vietnam, sans oublier dans certaines régions d'Europe les préférences électorales communistes des paysans de Toscane, du Limousin ou de Finlande.

— En Allemagne, les valeurs autoritaires et inégalitaires de la famille souche, qui désignait à chaque génération un héritier unique, assurèrent la montée en puissance du nazisme, idéologie autoritaire et inégalitaire. Le Japon et la Suède représentent des variantes très atténuées de ce type anthropologique.

— La structure de la famille arabo-musulmane permet d'expliquer certains aspects de l'islamisme radical, idéologie de transition parmi d'autres, mais que caractérise la combinaison unique de l'égalitarisme et d'une aspiration communautaire qui n'arrive pas à coaguler en étatisme. Ce type anthropologique spécifique couvre, au-delà du monde arabe, des pays comme l'Iran, le Pakistan, l'Afghanistan, l'Ouzbékistan, le Tadjikistan, le Kirghizistan et l'Azerbaïdjan, une partie de la Turquie. Le statut très bas de la femme dans ce type familial n'en est que l'élément le plus évident. Il est proche du modèle russe par sa forme communautaire, qui associe le père à ses fils mariés, mais s'en distingue fortement par une préférence endogame pour le mariage entre cousins. Le mariage entre cousins germains, particulièrement entre les enfants de deux frères, induit un rapport d'autorité très spécifique, dans la famille comme dans l'idéologie. Le rapport père-fils n'est pas véritablement autoritaire. La coutume l'emporte sur le père et l'association horizontale entre frères est la relation fondamentale. Le système est très égalitaire, très communautaire mais ne favorise guère le respect de l'autorité en général et celle de l'État en particulier[1]. Le niveau d'endogamie est variable selon le lieu : 15 % en Turquie, 25 à 35 % dans le monde arabe mais 50 % au Pakistan. J'avoue attendre avec une certaine curiosité d'anthropologue le développement du processus de modernisation mental et idéologique du Pakistan, pays limite sur le plan anthropologique par son endogamie maximale. On peut d'ores et déjà affirmer que son basculement ne ressemblera pas en tous points à celui de l'Iran, où le taux d'endogamie familiale n'est que de 25 %. Cet allié si peu sûr des États-Unis n'a pas fini de délivrer son message idéologique et de nous étonner.

---

1. Pour plus de détails, voir *La troisième planète, op. cit.,* chap. 5. Les musulmans de Yougoslavie, d'Albanie, du Kazakhstan sont patrilinéaires, communautaires, égalitaires mais non endogames. Les musulmans de Malaisie et d'Indonésie ont un système familial absolument différent, intégrant un statut élevé des femmes et une déviation matrilocale importante. On vit plutôt après le mariage près de la famille de sa femme.

Tableau 3. Pourcentage de mariages
entre cousins germains dans la première moitié des années 90

Soudan	57
Pakistan	**50**
Mauritanie	40
Tunisie	36
Jordanie	36
Arabie saoudite	**36**
Syrie	35
Oman	33
Yémen	31
Qatar	30
Koweït	30
Algérie	**29**
Égypte	25
Maroc	25
Émirats arabes unis	25
Iran	**25**
Bahreïn	23
Turquie	**15**

Source : *Demographic and Health Survey.*

On pourrait multiplier les exemples et les développe-ments. L'important est ici de percevoir une dimension anthropologique initiale, inscrite dans l'espace et les mœurs paysannes avant le processus de modernisation. Des régions, des peuples porteurs de valeurs familiales diverses sont entraînés, à des dates successives et selon des rythmes plus ou moins rapides, dans un même mouvement de déra-cinement. Si nous saisissons à la fois la diversité familiale originelle du monde paysan, variable anthropologique, et l'universalité du processus d'alphabétisation, variable his-torique, nous pouvons penser, simultanément, le sens de l'histoire et les phénomènes de divergence.

Un schéma possible : hystérie de transition
puis convergence démocratique

La crise de transition hystérise dans un premier temps les valeurs anthropologiques. Le déracinement de la modernité conduit, par réaction, à la réaffirmation, sous une forme idéologique, des valeurs traditionnelles de la famille. C'est pourquoi les idéologies de transition sont toutes, en un sens, fondamentalistes, intégristes : toutes, consciemment ou non, réaffirment leur attachement au passé, même lorsqu'elles prétendent être violemment modernes, comme le communisme par exemple. Le parti unique, l'économie centralisée, et mieux encore le KGB, reprenaient en Russie le rôle totalitaire de la famille paysanne traditionnelle[1].

Toutes les sociétés traditionnelles sont entraînées par le même mouvement de l'histoire, l'alphabétisation. Mais la transition dramatise les oppositions entre peuples et nations. Alors, les antagonismes, entre Français et Allemands, entre Anglo-Saxons et Russes, apparaissent maximaux parce que chacun hurle, si l'on peut dire, sous forme idéologique, sa spécificité anthropologique originelle. Aujourd'hui, le monde arabo-musulman dramatise une dernière fois sa différence avec l'Occident, sur le statut de la femme notamment, alors même que les femmes d'Iran ou du monde arabe sont en train de s'émanciper par la contraception.

Puis la crise s'apaise. Il apparaît progressivement que tous les systèmes anthropologiques sont travaillés, avec des décalages mais en parallèle, par la même montée de

---

1. En 1853, dans une lettre à Gustave de Beaumont, Tocqueville définissait la Russie d'en bas comme « une Amérique moins les lumières et la liberté. Une société démocratique à faire peur » (A. de Tocqueville, *Œuvres complètes*, tome VIII, *Correspondance d'Alexis de Tocqueville et de Gustave de Beaumont*, Gallimard, 1967, vol. 3, p. 164).

l'individualisme associée à l'alphabétisation. L'élément de convergence démocratique finit par émerger. Bien entendu, tous les systèmes anthropologiques n'affrontent pas de la même manière la montée de l'individualisme démocratique. Comment le pourraient-ils ? La valeur de liberté est pour certains systèmes, anglo-saxon et français notamment, originelle, inscrite dans le socle familial ; le mouvement de l'histoire n'apporte qu'une formalisation, une radicalisation de son expression. Dans le cas des systèmes allemand, japonais, russe, chinois ou arabe, la montée en puissance de l'individualisme attaque certaines des valeurs anthropologiques initiales, d'où la plus grande violence du processus de transition et certaines différences dans son point d'aboutissement ; atténuées, les valeurs d'autorité ou de communauté qui caractérisaient ces systèmes au départ ne sont pas annihilées. Nous pouvons ainsi rendre compte des différences observées entre les types démocratiques du monde apaisé, postérieurs à la transition démographique. Le Japon, avec son indéracinable parti libéral-démocrate, sa cohésion sociale et son capitalisme industriel et exportateur, n'est pas l'Amérique. La Russie décommunisée, l'Iran dékhomeynisé ne se convertiront pas à la forme sociale hyper-individualiste qui prédomine aux États-Unis.

On a du mal à accepter l'idée que toutes les « démocraties » issues de la transition sont ou seront essentiellement stables ou même réellement semblables, dans leur mode de fonctionnement, aux démocraties libérales anglo-saxonne et française. Envisager la possibilité d'un monde apaisé, admettre une tendance générale à plus d'individualisme et croire au triomphe universel de la démocratie libérale sont des choses assez différentes. Pour le moment toutefois, rien ne permet de traiter par le mépris l'hypothèse de Fukuyama.

Même l'échec de la première démocratisation chinoise postcommuniste, aboutissant à l'établissement d'un régime mixte, combinant libéralisme économique et autoritarisme politique, n'est pas forcément un obstacle à la théorie. On peut concevoir cette phase comme provisoire. L'exemple de Taïwan, où l'on observe depuis quelques années le développement d'une véritable démocratie, suggère qu'il n'existe aucune incompatibilité de fond entre Chine et démocratie, contrairement à ce que suggère Huntington.

On a paradoxalement beaucoup plus de mal à imaginer une stabilisation démocratique et libérale à long terme de l'Amérique latine, atomisée dans ses structures familiales, radicalement inégalitaire dans ses structures économiques et où des cycles alternant démocratisation et putschs militaires se succèdent depuis le xixe siècle. En fait, même une stabilisation autoritaire de longue période est difficile à imaginer dans le cas de l'Amérique latine quand on connaît son histoire. Pourtant, à travers des difficultés économiques formidables, des péripéties politiques difficiles à décrire, la démocratie argentine résiste. Quant au Venezuela où les milieux patronaux, l'Église, les chaînes de télévision privées et une partie de l'armée ont tenté un coup d'État contre le président Hugo Chávez en avril 2002, il a manifesté une solidité démocratique inattendue. Il est vrai que le taux d'alphabétisation de la population adulte y est aujourd'hui de 93 %, et celui des jeunes de 15 à 24 ans de 98 %. Quelques chaînes de télévision ne suffisent pas à manipuler une population qui sait lire, et non pas simplement regarder. La transformation des mentalités est profonde : les femmes du Venezuela contrôlent leur fécondité, puisque le nombre d'enfants par femme était au début de l'année 2002 tombé à 2,9.

La persistance de la démocratie vénézuélienne a particulièrement surpris le gouvernement américain qui s'était empressé d'approuver le coup d'État, signe intéressant d'une indifférence nouvelle aux principes de la démocratie libérale. On peut imaginer Fukuyama ravi de la résistance démocratique du Venezuela, conforme à son modèle, mais peut-être troublé de voir les États-Unis se désintéresser officiellement des principes de liberté et d'égalité au moment même où ils triomphent dans l'ancien tiers-monde.

Si l'on s'en tient au dessein limité de ce livre, qui est d'examiner le réaménagement du rapport de l'Amérique au monde, il n'est pas nécessaire pour avancer d'arriver à une conclusion définitive sur la question de la démocratisation générale de la planète. Il nous suffit de constater qu'après une certaine phase de modernisation, les sociétés s'apaisent et trouvent une forme de gouvernement non totalitaire acceptée par la majorité de la population. Il suffit d'accepter une version minimale de l'hypothèse de Fukuyama sur l'universalisation de la démocratie libérale. Une même approche minimaliste peut être adoptée dans l'application de la loi de Doyle sur l'impossibilité de la guerre entre démocraties. Pourquoi ne pas envisager une loi « élargie » et non dogmatique supposant la guerre peu vraisemblable entre ces sociétés apaisées ? Savoir si leur démocratisation par l'alphabétisation universelle fait de leurs systèmes politiques des équivalents stricts des modèles libéraux anglo-saxons ou français est, dans ce contexte, une question très secondaire.

Les Nations unies d'Europe

L'espace européen occidental est très certainement le lieu d'application privilégié du jeu d'hypothèses dérivé des travaux de Fukuyama et de Doyle, même si l'incapacité du

continent à atteindre seul son équilibre interdit de considérer son expérience comme absolument probante. Les États-
Unis y ont assuré militairement l'établissement et la stabilisation de la démocratie libérale au lendemain de la Seconde
Guerre mondiale. L'Allemagne occidentale fut alors, durant
quelques années, comme le Japon, un véritable protectorat
américain. Reste qu'après deux siècles de suractivité idéologique et guerrière, le basculement de l'Europe dans un
état de paix et de coopération entre toutes les nations
illustre bien la possibilité d'un apaisement du monde. Au
cœur de l'Europe, les rapports franco-allemands sont particulièrement significatifs d'un état de guerre se transformant
en quelque chose qui ressemble fort à une paix perpétuelle.

La stabilisation démocratique, l'apaisement n'impliquent
nullement en Europe une convergence intégrale sur un
modèle socio-politique unique. Les vieilles nations, avec
leurs langues, leurs structures sociales et leurs mœurs sont
toujours bien vivantes. Pour démontrer leur persistance,
nous pourrions examiner la diversité des modes de gestion
du conflit, des systèmes de partis, des types d'alternance
gouvernementale. Mais nous pouvons aussi, plus brutalement et fondamentalement, nous en tenir au niveau démographique.

Tous les pays européens, en ce qui concerne la natalité,
ont achevé leur transition : leurs indices de fécondité sont
cependant très inégaux, s'étageant de 1,1 à 1,9 enfant par
femme. Si l'on s'en tient aux grandes nations de l'Europe,
devenues moyennes ou petites à l'échelle du monde, il est
possible de mettre en relation la distribution des niveaux
de fécondité et les traditions idéologiques. Le Royaume-
Uni et la France se distinguent par des indices de fécondité
raisonnablement élevés : 1,7 et 1,9 enfant par femme respectivement, proches du seuil de reproduction des générations et du 1,8 de la population « blanche européenne » des

États-Unis[1]. Les trois vieilles démocraties libérales restent proches par la natalité. Ailleurs, les taux ont implosé : 1,3 en Allemagne et en Italie, 1,2 en Espagne, trois pays producteurs de dictatures durant la phase de transition de la première moitié du xxᵉ siècle. Cette distribution n'est peut-être pas aléatoire. À l'âge des moyens de contraception modernes, les couples sont mis par la technique — pilule ou stérilet — dans une sorte d'état socialement naturel d'infécondité. Il fallait autrefois lutter contre la nature, *décider* de ne pas avoir trop d'enfants ; il faut aujourd'hui *décider* d'en avoir un ou plusieurs. Les populations de tradition individualiste américaine, anglaise ou française semblent avoir plus de facilité à le faire. Au sein des populations des zones ayant une tradition plus autoritaire survit, sur le mode démographique, une conception plus passive de l'existence. La décision de fécondité, qui doit désormais être positive, y est plus difficile à prendre.

Une telle explication suggère que des différences de mentalité profondes persistent entre populations, et notamment entre Français et Allemands. Cette diversité de tempéraments n'empêche pas le fonctionnement de deux régimes respectant les règles du jeu démocratique, même si l'alternance reste en Allemagne un phénomène rare, alors qu'en France aucun camp politique n'arrive plus, sauf accident, à gagner deux élections successives.

Les nations européennes existent tellement, en dépit de leurs institutions communes, de leur monnaie unique et de leurs coopérations technologiques, qu'il serait sans doute plus réaliste, et peut-être plus enthousiasmant, de parler de Nations unies d'Europe.

Repassons à l'échelle planétaire. Restons sur un plan historique très général, armés de notre seul bon sens et sans

---

1. On défalque du 2,1 national les Hispaniques et les Noirs.

nous embarrasser de références philosophiques ou polito-
logiques rassurantes. Comment ne pas envisager qu'un
monde alphabétisé, ayant atteint un état démographique
stationnaire, aurait une tendance fondamentale à la paix
qui élargirait à la planète l'histoire récente de l'Europe ?
Comment ne pas imaginer des nations tranquilles se consacrant à leur développement spirituel et matériel ? Comment
ne pas imaginer ce monde empruntant la voie déjà choisie
par les États-Unis, l'Europe occidentale et le Japon depuis
la Seconde Guerre mondiale ? Un triomphe de la doctrine
des Nations unies en quelque sorte.

Ce monde est peut-être un rêve. Ce qui est sûr, c'est que
s'il apparaissait il trouverait sa forme politique achevée dans
un triomphe de l'Organisation des Nations unies, et n'aurait
aucun rôle spécial à proposer aux États-Unis. L'Amérique
serait priée de redevenir une nation libérale et démocratique comme les autres, de démobiliser son appareil militaire et de prendre une retraite stratégique bien méritée,
entourée de l'affection d'une planète reconnaissante.

Une telle histoire ne sera pas écrite. Nous ne savons pas
encore si l'universalisation de la démocratie libérale et de
la paix est un processus historique inévitable. Nous savons
déjà qu'un tel monde serait une menace pour l'Amérique.
Dépendante économiquement, elle a besoin d'un niveau de
désordre qui justifie sa présence politico-militaire dans
l'Ancien Monde.

Retour au réalisme stratégique : la Russie et la paix

Finissons par le commencement, par le pays dont le basculement démocratique a donné son sens à la vision première de Fukuyama : la Russie, capable, à la veille de son

implosion idéologique, de menacer, par sa masse géographique, démographique et militaire n'importe quel pays de la planète. L'expansionnisme militaire soviétique constituait le problème essentiel pour les démocraties et justifiait à lui seul le rôle des États-Unis, protecteurs du monde libre. La chute du communisme peut déboucher, à moyen terme, sur la constitution de la Russie en démocratie libérale. Si une démocratie libérale ne peut, par nature, en agresser une autre, la mutation russe suffirait donc à elle seule à transformer, pour l'essentiel, la planète en un espace de paix. La Russie une fois devenue un géant débonnaire, Européens et Japonais pourraient se passer des États-Unis. Hypothèse audacieuse et douloureuse pour une Amérique qui ne peut plus se passer, elle, des deux pôles industriellement et financièrement productifs de la triade.

Poussons plus loin la spéculation. Si l'Ancien Monde tend vers la paix, s'il n'a plus besoin des États-Unis, et si en revanche ces derniers sont devenus économiquement prédateurs et menaçants, le rôle de la Russie aussi se renverse. Rien n'interdit a priori d'imaginer une Russie libérale et démocratique protégeant à son tour la planète contre une Amérique tentant de raffermir une posture globalement impériale.

J'examinerai en détail la situation économique et le rôle stratégique de la Russie. À ce stade préliminaire il convient néanmoins de rappeler qu'en dépit de son affaissement militaire, la Russie reste le seul pays dont l'arsenal nucléaire fasse obstacle à la toute-puissance militaire des États-Unis. L'accord de mai 2002 entre George W. Bush et Vladimir Poutine sur la réduction des armements nucléaires laisse subsister, de part et d'autre, environ 2 000 têtes nucléaires, c'est-à-dire le vieil équilibre de la terreur.

Si le rapport de l'Amérique au monde se renverse, passant de la protection à l'agression virtuelle, le rapport de la Russie au monde se renverse également, basculant de l'agression à la protection virtuelle. Dans un tel modèle, le seul élément stable est finalement le caractère antagoniste du rapport russo-américain.

CHAPITRE 3

La dimension impériale

La comparaison avec deux empires antiques, Athènes et Rome, s'impose à qui veut étayer par l'histoire une réflexion sur le système américain. Le premier exemple plaît aux admirateurs des États-Unis, le second aux antiaméricains. Une attitude favorable aux États-Unis conduit en général à choisir Athènes comme référence. On soulignera alors que, dans le cas des États-Unis, l'établissement d'une sphère de domination politique débordant le cadre national n'a pas résulté d'une conquête militaire de type romain. Pour Rome, l'accroissement territorial a constitué le sens même de l'histoire. Le code génétique de la cité semblait inclure un principe d'expansion par la force armée. Tout le reste — vie politique intérieure, économie, art — était secondaire. Athènes, en revanche, fut à l'origine une ville de marchands et d'artisans, le lieu de naissance de la tragédie, de la philosophie et de la démocratie. Son destin militaire lui fut imposé par l'agression perse, qui la conduisit à prendre, avec Sparte, la tête des cités grecques résistantes. Après une première défaite de la Perse, Sparte, cité terrienne, se retira de la lutte, tandis qu'Athènes, puissance navale, la poursuivit par l'organisation de la ligue de Délos, confédération de cités. Les plus puissantes fournissaient des navires et les plus faibles de l'argent. Ainsi s'établit d'abord une sphère d'influence athénienne, sous une sorte de leadership démocratique.

Les États-Unis, à l'origine puissance essentiellement navale comme Athènes, isolationnistes jusqu'à Pearl Harbor, ne peuvent guère être accusés de militarisme congénital et d'impérialisme territorial à la manière de Rome. La constitution de l'Otan a été pleinement souhaitée par les alliés européens des États-Unis. Un parallèle entre l'Alliance atlantique et la ligue de Délos n'est donc nullement incongru, l'Union soviétique jouant dans la fable le rôle de la Perse menaçante.

Cette vision optimiste et libérale de l'Alliance atlantique ne peut cependant séduire pleinement que ceux qui ont oublié la suite de l'histoire athénienne. Assez vite, la ligue de Délos dégénéra. La plupart des cités alliées préférèrent se décharger de leurs obligations militaires en payant à Athènes un tribut, le *phoros*, plutôt qu'en fournissant des vaisseaux et des équipages. La cité dirigeante finit par se saisir du trésor commun placé dans l'île de Délos et s'en servit pour financer, non seulement la mise au pas des cités récalcitrantes de la ligue mais aussi la construction des temples de l'Acropole. L'exemple est imparfait, ou trop parfait : il pourrait conduire les Européens — et pourquoi pas les Japonais ? — à une méditation « réaliste » sur leur propre comportement militaire.

Athènes fut finalement abattue par Sparte, transformée par la force des choses en défenseur des libertés grecques. Malheureusement, les données historiques qui ont survécu ne nous permettent d'analyser avec précision ni les bénéfices économiques tirés par Athènes de son empire, ni l'effet de ces bénéfices sur la structure sociale de la cité elle-même[1].

1. Sur l'ensemble de ces questions, voir R. Meiggs, *The Athenian Empire*, Oxford University Press, 1972.

À l'origine de la globalisation économique, le fait politique et militaire

Les partisans, beaucoup plus nombreux, de la référence à l'impérialisme romain, souligneront que l'histoire de l'empire américain n'a pas commencé en 1948 avec le coup de Prague et en réaction à l'instauration de la sphère soviétique. Le système américain s'est mis en place dès 1945, au terme de la Seconde Guerre mondiale, durant laquelle les États-Unis affirmèrent leur suprématie industrielle et militaire. Les conquêtes fondamentales du système américain qui s'installe en 1945 ont été les protectorats allemand et japonais, deux adjonctions considérables par leur importance économique. L'Allemagne était la deuxième puissance industrielle avant la guerre, le Japon l'est aujourd'hui. Et c'est bien par la force militaire que les États-Unis ont établi leur pouvoir sur ces deux points d'appui, essentiels au contrôle du système économique mondial. Voilà qui nous rapproche de l'empire romain.

Le cas de Rome est mieux documenté que celui d'Athènes sur le plan économique et social. On peut y mesurer la déformation de la structure sociale entraînée par l'accumulation au centre politique de la richesse produite dans l'espace de domination militaire.

Durant les cent ans qui suivirent sa victoire décisive sur Carthage, au terme de la deuxième guerre punique, Rome s'étendit rapidement en Orient et se rendit maître de l'ensemble du bassin méditerranéen. Elle disposait désormais de ressources illimitées en terres, en argent, en esclaves. Elle prélevait dans l'ensemble de sa sphère des ressources monétaires et put importer en masse des produits alimentaires et manufacturés. Les paysans et artisans d'Italie perdirent leur utilité dans cette économie méditerranéenne *globalisée* par la domination politique de Rome. La société se polarisa en un couple opposant une plèbe économiquement inutile et une ploutocratie prédatrice. Une minorité gavée de richesses surplombait une population prolétarisée. Les classes moyennes implosèrent, processus qui entraîna la disparition de la république et l'établissement de l'empire conformément à l'analyse d'Aristote sur l'importance que présentent les catégories sociales intermédiaires pour la stabilité des systèmes politiques[1].

Comme on ne pouvait éliminer la plèbe, indocile mais géographiquement centrale, on finit par la nourrir et la distraire, aux frais de l'empire, avec du pain et des jeux.

Pour qui s'intéresse à la globalisation économique actuelle, menée sous direction américaine, la comparaison avec les modèles antiques est riche d'enseignements, par les ressemblances comme par les différences. Qu'elle s'appuie sur l'exemple d'Athènes ou sur celui de Rome, elle met chaque fois en évidence l'origine politique et militaire de la sphère de domination économique. Cette vision politique de l'économie corrige, au sens optique du terme, la vulgate actuelle, qui nous représente la globalisation comme un phénomène apolitique. Il y aurait un monde économique libéral dans lequel n'existe ni nation, ni État, ni puissance militaire. Or, que nous partions d'Athènes ou de Rome, nous ne pouvons éviter de voir que la constitution d'une économie mondiale globalisée est le résultat d'un processus politico-militaire ; et que certaines bizarreries de l'économie globalisée ne peuvent être expliquées sans référence à la dimension politico-militaire du système.

---

1. Voir G. Alföldy, *Histoire sociale de Rome*, Picard, 1991.

De la production à la consommation

La théorie économique libérale est franchement bavarde lorsqu'il s'agit de vanter les mérites du libre-échange, seul capable selon elle d'optimiser la production et la consommation pour tous les habitants de la planète. Elle insiste sur la nécessité que chaque pays se spécialise dans la production des biens et des services pour laquelle il est le plus doué. Elle spécule ensuite à l'infini sur le caractère automatique des ajustements par le marché : de grands et magnifiques équilibres s'établissent entre production et consommation, entre importations et exportations, par l'intermédiaire de fluctuations dans la valeur des monnaies nationales. La scolastique économique perçoit, décrit, invente un monde idéal parfaitement symétrique, dans lequel chaque nation occupe une place équivalente et œuvre pour le bien commun. Cette théorie, dont le germe a été isolé par Smith et Ricardo, est aujourd'hui cultivée et produite à 80 % dans les grandes universités américaines. Elle constitue, avec la musique et le cinéma, l'une des exportations culturelles majeures des États-Unis. Son degré d'adéquation à la réalité est de type hollywoodien, faible. Elle perd sa volubilité, devient même muette lorsqu'il s'agit d'expliquer le fait troublant que *la globalisation n'est pas organisée par un principe de symétrie, mais d'asymétrie.* Le monde, de plus en plus, produit pour que l'Amérique consomme. Aucun équilibre entre exportations et importations ne s'établit aux États-Unis. La nation autonome et surproductive de l'immédiat après-guerre est devenue le cœur d'un système, dans lequel elle a vocation à consommer plutôt qu'à produire.

La liste des déficits commerciaux américains est impressionnante parce qu'elle comprend tous les pays importants du monde. Énumérons, pour l'année 2001 : 83 milliards de

dollars de déficit avec la Chine, 68 avec le Japon, 60 avec
l'Union européenne, dont 29 pour l'Allemagne, 13 pour
l'Italie et 10 pour la France ; 30 milliards de déficit dans les
rapports avec le Mexique, 13 avec la Corée. Même Israël, la
Russie et l'Ukraine sont excédentaires dans leurs échanges
avec les États-Unis, de 4,5, 3,5, 0,5 milliards de dollars
respectivement[1].

Ainsi qu'on peut le deviner d'après la liste des pays qui
dégagent un excédent, l'importation de matières premières
n'est pas la cause principale du déficit américain, situation
qui pourrait être normale pour un pays développé. Le
pétrole, obsession de la stratégie américaine, par exemple,
n'explique en 2001 que 80 milliards de déficit commercial,
les autres produits, pour l'essentiel manufacturés, représen-
tant 366 milliards.

Si nous rapportons le déficit commercial américain, non
pas au produit national brut global, incluant l'agriculture et
les services, mais au seul produit industriel, nous arrivons
à ce résultat stupéfiant que les États-Unis dépendent, pour
10 % de leur consommation industrielle, de biens dont l'importation n'est pas couverte par des exportations de produits nationaux. Ce déficit industriel n'était encore que de
5 % en 1995. N'imaginons surtout pas qu'il se concentre sur
les biens de basse technologie, les États-Unis se consacrant
aux productions de pointe les plus nobles. L'industrie américaine reste leader dans un certain nombre de domaines :
les ordinateurs constituent le secteur le plus évident mais
on pourrait évoquer le matériel médical ou l'aéronautique.
Reste qu'année après année, nous voyons fondre l'avance
des États-Unis dans tous les domaines, y compris les secteurs de pointe. En 2003, Airbus produira autant d'avions

---

1. http://www.census.gov/foreign-trade/balance

que Boeing, même si l'on ne prévoit une parité absolue en valeur que vers 2005-2006. L'excédent de la balance commerciale américaine pour les biens de technologie avancée est passé de 35 milliards de dollars en 1990 à 5 milliards en 2001, et celle-ci se trouvait déficitaire en janvier 2002[1]. La vitesse à laquelle ce déficit industriel américain est apparu est l'un des aspects les plus intéressants du processus en cours. À la veille de la dépression de 1929, 44,5 % de la production industrielle mondiale se trouvaient aux États-Unis, contre 11,6 % en Allemagne, 9,3 % en Grande-Bretagne, 7 % en France, 4,6 % en URSS, 3,2 % en Italie, et 2,4 % au Japon[2]. Soixante-dix ans plus tard, le produit industriel américain est un peu inférieur à celui de l'Union européenne et à peine supérieur à celui du Japon.

Cette chute de puissance économique n'est pas compensée par l'activité des multinationales américaines. Depuis 1998, les profits qu'elles rapatrient aux États-Unis sont inférieurs à ceux que les firmes étrangères qui y sont installées rapatrient dans leurs pays respectifs.

Nécessité d'une rupture copernicienne :
adieu aux statistiques « intérieures »

La majorité des commentateurs économiques célébraient, à la veille de la récession de 2001, le fantastique dynamisme de l'économie américaine, la naissance d'un nouveau paradigme combinant force de l'investissement, dynamisme de la consommation et inflation faible. La

---

1. *U.S. Trade Balance with Advanced Technology*, U.S. Census Bureau, http://www.census.gov/foreign-trade/balance/c0007.html
2. Arnold Toynbee et collaborateurs, *Le monde en mars 1939*, Gallimard, 1958.

quadrature du cercle des années 70 était enfin résolue, l'Amérique avait trouvé le chemin d'une croissance sans hausse excessive des prix. Début 2002, s'inquiéter du retard de la productivité européenne ou japonaise était devenu pour notre presse une figure imposée, au moment même où le gouvernement des États-Unis devait rétablir des droits de douane pour protéger son industrie sidérurgique dépassée et où les consoles de jeux vidéo japonaises Play Station II et Game Cube ridiculisaient la X-Box, tentative de Microsoft pour affronter la compétition dans ce domaine. Au moment même où la Californie manquait d'électricité et où New York peinait à s'approvisionner en eau potable !

Il y a près de cinq ans déjà, la vision optimiste, pour ne pas dire béate, de l'économie d'outre-Atlantique et la signification réelle des taux de croissance d'un produit national brut dont on ne sait plus trop ce qu'il signifie me paraissaient contestables. Nous sommes de plus en plus confrontés à un choix : croire les chiffres du PNB qui dérivent de l'agrégation des valeurs ajoutées que dégagent les activités de toutes les entreprises *à l'intérieur* des États-Unis, ou accepter la réalité décrite par la balance commerciale : celle-ci mesure les échanges *entre pays* et révèle l'incapacité industrielle de l'Amérique. Dès que l'importation d'un bien s'avère difficile, des tensions réelles apparaissent, comme dans le cas de l'électricité, insuffisance révélée par les pannes californiennes.

J'ai longuement hésité sur la réalité du dynamisme américain. L'affaire Enron et plus encore l'affaire Andersen qui l'a suivie emportent la décision. La faillite d'Enron, entreprise de courtage en électricité, a entraîné la volatilisation de 100 milliards de dollars de chiffre d'affaire, chiffre magique, virtuel, mythique cité par la presse. La falsification des comptes par le cabinet d'audit Andersen ne permet pas que l'on dise aujourd'hui quelle fraction de cette somme représentait de la « valeur ajoutée » et aurait dû être intégrée comme telle au calcul du PNB américain. Mais 100 milliards représenteraient environ 1 % du PNB des États-Unis. Combien d'entreprises, avec l'aide d'Andersen ou d'autres officines de comptabilité et d'audit, falsifient leurs comptes ? La multiplication récente des affaires suggère que la majorité d'entre elles sont concernées. Qu'est-ce que cette économie dans laquelle les services financiers, l'assurance et l'immobilier ont progressé deux fois plus vite que l'industrie entre 1994 et 2000, pour atteindre une production en « valeur » égale à 123 % de celle de l'industrie ? Le mot valeur est entre guillemets parce que ce qui distingue la valeur de ces services de celle des biens industriels est que les premiers ne peuvent pour la plupart être échangés sur les marchés internationaux — à l'exception bien sûr de la fraction de cette activité qui assure l'approvisionnement de l'économie américaine en capital, en argent frais nécessaire à la couverture des importations. Gonflé par les fraudes agrégées des entreprises privées, le PNB américain com-

Tableau 4. Secteurs de l'économie et taux de croissance aux États-Unis

	Fraction du PIB 2000 %	Croissance 1994-2000 %
PNB	100	**40**
Agriculture	1,4	15
Industries extractives	1,3	41
Construction	4,7	68
Industries manufacturières	15,9	**28**
Transports	8,4	35
Commerce de gros	6,8	41
Commerce de détail	9,1	44
Finance, assurance et immobilier	19,6	**54**
Services personnels	21,9	**59**
État	12,3	27

Source : *Bureau of Economic Analysis.*
http://www.bea.gov/dn2/gpoc.htm#1994-2000

mence à ressembler, pour la fiabilité statistique, à celui de l'Union soviétique.

La théorie économique orthodoxe ne peut expliquer la rétraction de l'activité industrielle américaine, la transformation des États-Unis en un espace spécialisé dans la consommation et dépendant du monde extérieur pour son approvisionnement. Une représentation impériale, de type romain, permet en revanche de saisir le processus en tant qu'effet économique d'une organisation politique et militaire.

Au lendemain de la Seconde Guerre mondiale, les États-Unis, confrontés à la dévastation de l'Europe et du Japon, à la montée en puissance du système soviétique, organisèrent leur zone d'influence en un système global dont ils étaient le centre. Étape après étape, des règles du jeu correspondant aux préférences idéologiques des États-Unis ont été imposées, commerciales et financières, seules à même d'assurer l'unification de l'espace militairement et politiquement contrôlé. Il est hors de doute que, dans un premier temps, la prétention américaine à assurer le bien-être de la majeure partie de la planète a été parfaitement justifiée. Il serait absurde de considérer l'émergence de ce système mondial comme un phénomène destructeur : la croissance des années 1950-1975 en témoigne. Le plan Marshall, qui a fourni à l'Europe les moyens de sa reconstruction et aux États-Unis ceux d'échapper à une nouvelle crise économique du type 1929, reste un acte d'intelligence politique et économique comme on a peu d'exemples dans l'histoire. On doit parler pour cette période d'un impérialisme positif.

Les États-Unis, fixés sur la lutte contre le communisme, un peu trop sûrs du caractère permanent, ontologique, de leur prééminence économique, ont alors donné une priorité absolue à l'intégration politique de leur sphère de domination militaire. Ils ont dans ce but ouvert leur marché aux produits européens, et surtout japonais, sacrifiant, d'abord sans bien s'en rendre compte, puis avec une certaine angoisse, de larges pans de leur industrie. Le déficit commercial est apparu au début des années 70. Il s'est étendu depuis aux échanges avec l'ensemble du monde, au-delà même de la sphère de domination politique originelle.

L'implosion du communisme a permis l'entrée de nouveaux pays importants dans ce système d'échange asymétrique : c'est la Chine, plutôt que le Japon ou l'Europe, qui dégage aujourd'hui le plus fort excédent commercial dans ses échanges avec les États-Unis. La surconsommation américaine est désormais l'élément clef d'une structure de l'économie mondiale perçue par certains comme impériale. L'Amérique, cependant, n'est plus essentielle au monde par sa production, mais par sa consommation, dans une situation d'insuffisance de la demande globale, phénomène structurel créé par le libre-échange.

L'État keynésien d'une économie mondiale déprimée

La libéralisation des échanges commerciaux a entraîné, conformément à la théorie économique, une fois n'est pas coutume, une montée des inégalités à l'échelle mondiale. Elle tend à introduire dans chaque pays les écarts de revenus qui caractérisent la planète dans son ensemble. Partout, la concurrence internationale a favorisé une stagnation de la masse salariale et une montée, mieux une explosion, des profits. La compression des revenus du travail induite par le libre-échange réactive le dilemme traditionnel du capitalisme, dont nous observons aujourd'hui une résurgence planétaire : des salaires écrasés ne permettent pas l'absorption d'une production qui s'accroît. Ce phénomène banal a été étudié par Malthus et par Keynes en Angleterre, par la plupart des économistes socialistes au xixᵉ et au xxᵉ siècle ; il reste parfaitement compris par les économistes non conformistes des États-Unis.

Si les économistes de l'establishment universitaire américain admettent en général la montée des inégalités qui résulte du libre-échange, la stagnation de la demande est en revanche un sujet tabou, y compris pour de faux anti-conformistes comme Paul Krugman. Évoquer cet effet de la globalisation est signe d'une rupture avec l'ordre établi, et seuls de véritables rebelles se risquent à le dénoncer, comme Chalmers Johnson, spécialiste de l'Asie, auteur de *Blowback : The Costs and Consequences of American Empire*, l'un des livres les plus cruels écrits sur le comportement des États-Unis depuis la Seconde Guerre mondiale[1]. Mais Robert Gilpin, analyste pourtant si lucide de la globalisation, si conscient de la persistance des États et des nations, des différences structurelles entre capitalismes anglo-saxon et japonais ou allemand, si attentif à la fragilité économique et idéologique de l'hégémonie américaine, n'ose évoquer ce problème qui impliquerait de déroger au code de bonne conduite de l'establishment.

Je commets ici une demi-injustice, à l'encontre de Joseph Stiglitz, ex-économiste en chef de la Banque mondiale, membre incontesté de l'establishment puisque son prix Nobel est comme un certificat d'appartenance. Dans *La grande désillusion* celui-ci souligne le problème de la demande globale mondiale et évoque à de multiples reprises l'incapacité du Fonds monétaire international à percevoir les insuffisances des demandes nationales, ou

---

1. Henry Holt and Company, New York, 2000, p. 197, sur l'implosion structurelle de la demande.

même régionales, en Asie notamment[1]. Mais Stiglitz reste fidèle au libre-échange et ne peut en pratique que se lamenter sur l'inexistence d'une instance mondiale de régulation. Je ne sais s'il est naïf ou habile, probablement les deux à la fois : dur pour les bureaucrates du FMI mais attaché au dogme de sa profession. Ne soyons pas absurdement exigeants : que l'un des grands représentants de l'analyse économique américaine réaffirme, après Keynes, qu'une défaillance de la demande globale est possible, et qu'il est nécessaire de procéder à une régulation à l'échelle mondiale, marque le début d'un tournant, même si le gouvernement de Washington est par définition assez mal placé pour en « négocier » la suite.

La tendance à la stagnation de la demande résultant du libre-échange et de la compression des salaires est une évidence, qui explique la baisse régulière des taux de croissance de l'économie mondiale, et ses récessions de plus en plus fréquentes. Tout cela n'est pas neuf mais nous devons ici pousser l'examen, jusqu'aux implications stratégiques, pour les États-Unis actuels, de la dépression de la consommation planétaire. Parce que c'est bien la stagnation de la demande à l'échelle mondiale qui permet aux États-Unis de justifier leur rôle de régulateur et de prédateur de l'économie « globalisée », d'assumer et de revendiquer la fonction d'un État planétaire keynésien.

Dans une économie mondiale freinée, déprimée, la propension de l'Amérique à consommer plus qu'elle ne produit finit par être considérée comme un bienfait par la planète entière. À chaque récession, on s'extasie sur le persistant dynamisme de la consommation américaine, qui devient la caractéristique positive fondamentale d'une économie dont

1. Joseph E. Stiglitz, *La grande désillusion*, Fayard, 2002. Le titre original est nettement moins vigoureux : *Globalization and Its Discontents*, Norton, 2002.

on ne veut plus voir la fondamentale improductivité. Le taux d'épargne des ménages américains est proche de zéro. Mais chaque « reprise de l'économie » des États-Unis gonfle les importations de biens en provenance du monde. Le déficit commercial se creuse, battant chaque année de nouveaux records négatifs. Mais nous sommes contents, mieux : soulagés. C'est le monde de La Fontaine à l'envers dans lequel la fourmi supplierait la cigale de bien vouloir accepter de la nourriture.

Notre attitude vis-à-vis des États-Unis est ici celle de sujets planétaires et keynésiens qui attendraient de leur État une relance de l'économie. Effectivement, du point de vue de Keynes, l'une des fonctions de l'État est de consommer pour soutenir la demande. À la fin de sa *Théorie générale*, il a un petit mot gentil pour les pharaons constructeurs de pyramides, dépensiers mais régulateurs de l'activité économique. L'Amérique serait notre pyramide, entretenue par le travail de toute la planète. On ne peut que constater l'absolue compatibilité entre cette vision de l'Amérique en État keynésien du monde et l'interprétation politique de la globalisation. Le déficit commercial des États-Unis doit être qualifié, dans ce modèle, de prélèvement impérial.

La société américaine est, du point de vue économique, devenue l'État de la planète entière. Elle se pense pourtant hostile par nature à l'État et s'est efforcée de réduire l'activité de celui-ci dans l'économie nationale par la dérégulation reaganienne. Mais la négation de l'État dans la société a fini par faire de la société un État. Avec d'une part les caractéristiques négatives que les économistes classiques ou néoclassiques attribuent à l'État : improductivité et irresponsabilité financière. Avec d'autre part le potentiel positif que les économistes keynésiens concèdent à l'État : la capacité de stimuler la demande dans les phases de dépression.

Les mécanismes monétaires et psychologiques sont obscurs, mais ces Américains si dynamiques, si capables d'accepter l'insécurité d'un marché du travail dérégulé sont devenus en bloc des fonctionnaires, improductifs et consommateurs, pour la planète. L'excès de responsabilité individuelle n'a débouché que sur une irresponsabilité collective.

Déformation « impériale » de la société américaine

Cette évolution « impériale » de l'économie, qui n'est pas sans rappeler celle de Rome au lendemain de la conquête du bassin méditerranéen, a touché de manières différentes les divers secteurs de la société et de l'économie américaines. L'industrie et une classe ouvrière jusque-là considérée comme intégrée aux classes moyennes ont été frappées de plein fouet. Leur désintégration partielle évoque celle de la paysannerie et de l'artisanat romain, largement détruits par l'afflux des produits agricoles ou des objets venus de Sicile, d'Égypte et de Grèce. Dans le cas des ouvriers américains des années 1970-1990, on peut parler de paupérisation, relative et parfois absolue.

Sans entrer dans le détail des mécanismes économiques, et en restant à un certain niveau de généralité, force est de constater que la mutation impériale de l'économie tend à transformer les strates supérieures de la société américaine en strates supérieures d'une société impériale (globale dans le langage actuel) dépassant le cadre de la nation. Cette société en cours de globalisation a intégré, dans un premier temps, l'ensemble du monde libre, puis, après l'effondrement du communisme, virtuellement la totalité de la planète.

Aux États-Unis mêmes, la part du revenu « national » absorbée par les 5 % les plus riches est passée de 15,5 % en 1980 à 21,9 % en 2000, la part des 20 % les plus riches de

43,1 à 49,4 %. La part des 80 % les moins riches est tombée de 56,9 à 50,6 %. Les quatre quintiles inférieurs ont vu leurs parts diminuer, respectivement, de 24,7 à 22,9 %, de 17,1 à 14,9 %, de 10,6 à 9,0 %, de 4,5 à 3,7 %. Selon le classement établi par le magazine *Forbes*, les quatre cents Américains les plus riches en l'an 2000 l'étaient dix fois plus que les quatre cents les plus riches en 1990, alors que le produit national n'avait fait que doubler. Le gonflement prodigieux des revenus de la partie supérieure de la société américaine ne peut s'expliquer sans recours au modèle impérial, tout comme la stagnation ou la croissance très modeste des revenus de la majeure partie de la population.

Tableau 5. Évolution des revenus aux États-Unis

Revenus moyens, dollars 2000	1980	1994	2000	94/80	2000/94
5 % les plus riches	132 551	210 684	250 146	+ 59 %	+ 19 %
20 % les plus riches (quintile sup.)	91 634	121 943	141 620	+ 33 %	+ 16 %
20 % suivants (4ᵉ quintile)	52 169	58 005	65 729	+ 11 %	+ 13 %
20 % suivants (3ᵉ quintile)	35 431	37 275	42 361	+ 5 %	+ 14 %
20 % suivants (2ᵉ quintile)	21 527	22 127	25 334	+ 3 %	+ 14 %
20 % les plus pauvres (quintile inf.)	8 920	8 934	10 190	+ 0 %	+ 14 %

Source : http://www.census.gov/hhes/income/histinc/h03.html

La décomposition en deux phases de la période 1980-2000 révèle cependant que l'augmentation des inégalités n'est pas caractéristique de toute la période mais correspond à une sorte de phase I du processus de restructuration impériale.

Entre 1980 et 1994, l'augmentation des revenus a été d'autant plus forte que l'on était déjà plus riche, l'accroissement étant de 59 % pour les 5 % les plus fortunés, de plus en plus faible à mesure que l'on descend dans les strates de revenus, pour devenir nulle parmi les 20 % les plus pauvres. On peut alors parler d'une augmentation dramatique des inégalités.

Entre 1994 et 2000, cependant, le mouvement a changé

de sens et de nature : l'avantage de croissance des revenus les plus élevés devient faible, + 19 % pour les 5 % les plus riches, tous les autres groupes, y compris les plus pauvres, bénéficiant d'une augmentation presque uniforme de revenu comprise entre 13 et 16 %. Les apologistes de la « nouvelle économie » verront dans ce changement la phase égalitaire d'un processus de modernisation qui devait nécessairement comporter, dans un premier temps, une phase de croissance des inégalités, l'une des théories favorites du petit monde des économistes de Harvard.

Mais poursuivant le parallèle avec l'histoire de Rome, on ne peut qu'être frappé par la coïncidence entre la phase II de l'évolution récente de la société américaine, plus égalitaire pour la croissance des revenus, et le gonflement énorme du déficit commercial des États-Unis, qui est passé d'un peu plus de 100 milliards de dollars par an en 1993 à 450 milliards en 2000. Le système du prélèvement impérial des biens matériels est arrivé à maturité et l'ensemble du peuple peut en profiter.

On a bien assisté entre 1970 et 2000 aux États-Unis à un processus de polarisation sociale de type romain, combinant développement d'une ploutocratie et expansion d'une plèbe, au sens que ce mot avait à l'époque impériale. Les notions de ploutocratie et de plèbe n'évoquent pas ici simplement des niveaux de richesse mais le fait que cette richesse, importante ou insignifiante, ne découle pas d'une activité directement productive mais d'un effet de domination politique sur le monde extérieur[1].

J'examinerai au chapitre suivant le mécanisme assez mys-

---

1. Ce n'est sans doute pas un hasard si pour la première fois, dans un grand péplum américain, *Gladiator*, l'empire romain fait l'objet d'une évocation très largement favorable dans son principe, mais critique de sa dégénérescence (*panem et circenses*). Nous sommes bien loin des péplums globalement antiromains comme *Quo vadis ?*, *Spartacus* et *Ben Hur*.

un péplum = film à grand spectacle s'inspirant de l'histoire ou de la mythologie antiques térieux par lequel cette richesse est prélevée et redistribuée dans le contexte d'une économie libérale, mais j'insiste sur la pertinence de la comparaison. L'Amérique aurait atteint, entre 1994 et 2000, le stade du *panem et circenses* plutôt que celui du miracle de la « nouvelle économie » des « autoroutes de l'information ».

Bien sûr, je force le trait pour faire comprendre l'argument. Les économistes qui veulent croire au caractère efficace et réellement productif de l'économie américaine ne sont pas absolument déraisonnables. Au stade actuel, la seule chose réellement déraisonnable est l'absence, ou plutôt la disparition du débat des années 1990-1995, dont l'un des pôles était le scepticisme touchant l'efficacité *réelle* de l'économie américaine.

Passant du modèle à la réalité historique, on pourrait dire que l'Amérique a hésité, au cours des vingt dernières années, entre deux types d'organisation économique et sociale, la nation et l'empire. Elle est loin d'avoir perdu toute caracté-

Le déficit commercial américain en milliards de dollars

Source : http://www.census.gov/foreign-trade

l'Amérique a privilégié l'empire aux dépens de la nation

bien sûr !

ristique nationale et elle échouera en tant qu'empire. *Mais il est clair qu'une accélération de la tendance impériale s'est produite entre 1990 et 2000, plus précisément entre 1994 et 2000.*

Clinton

Le débat des années 1990-1995 : la nation contre l'empire

Le choix d'une option économique impériale ne s'est pas fait sans débats ni conflits. Il s'est trouvé, outre-Atlantique plus qu'en Europe, de nombreux chercheurs pour dénoncer le libre-échange et ses conséquences pour le monde ouvrier américain — le plus souvent, c'est vrai, hors des universités les plus prestigieuses de l'establishment. C'est aux États-Unis qu'on a redécouvert Friedrich List, théoricien allemand du protectionnisme, formule économique qui définit un espace national protégé du monde extérieur mais libéral dans son fonctionnement intérieur[1]. Les *strategic traders*, partisans d'une défense de l'industrie américaine contre l'Asie en général et le Japon en particulier, ont publié de nombreux textes et avaient une certaine importance politique au début de la première présidence de Clinton.

Les *strategic traders* percevaient les problèmes sous l'angle économique et commercial. Michael Lind a, le premier, élaboré en 1995 une représentation de l'évolution de la société américaine correspondant à l'affirmation du libre-échange. Il ne s'est pas contenté de dénoncer l'écrasement des milieux ouvriers et populaires. Sa contribution la plus importante a été d'identifier et de décrire la nouvelle classe dirigeante américaine, la *white overclass*, définie, non seulement par ses revenus, mais par ses habitudes culturelles et mentales, avec sa préférence pour les études juri-

---

1. Friedrich List, *Système national d'économie politique*, nouvelle édition, Gallimard, collection « Tel », 2000.

diques et non techniques, son anglophilie de pacotille, sa tendresse pour l'*affirmative action* (« discrimination positive » en faveur des minorités) dans le domaine racial, son habileté à protéger ses propres enfants de la concurrence intellectuelle dans le domaine universitaire. Lind a tracé le portrait d'une Amérique stratifiée, dans laquelle les syndicats n'ont plus d'influence sur le parti démocrate et qui tend à être de moins en moins démocratique[1]. Il a, le premier me semble-t-il, perçu qu'au stade actuel une inversion s'était produite entre l'Europe et les États-Unis, le Vieux Continent étant désormais plus démocratique que le Nouveau Monde[2]. Lind, intellectuel et militant, réclamait une redéfinition nationale de l'Amérique, autosuffisante et démocratique, plutôt que dépendante et oligarchique.

C'était en 1995. L'augmentation du déficit commercial américain, entre 1994 et 2000, ainsi que l'évolution des revenus, suggèrent que le combat pour la nation, démocratique et économiquement indépendante, a été perdu dans les années 1995-2000. Cette chronologie et l'accélération de la dynamique impériale qu'elle révèle ne peuvent être comprises indépendamment de l'évolution, objective et perçue, du rival et pôle d'équilibre russe, ainsi qu'on le verra au chapitre 6, consacré à la logique générale de la politique extérieure américaine. Le mouvement des États-Unis vers un système impérial plein et entier ne dépend pas uniquement ou même primordialement en effet des rapports de force intérieurs à la société américaine. L'empire est un rapport au monde, qui doit être dominé, absorbé et transformé en espace intérieur du pouvoir d'État.

---

1. Michael Lind, *The Next American Nation*, The Free Press, New York, 1995. En 1984, les dons des entreprises au parti démocrate l'emportèrent sur ceux des syndicats, p. 187.
   2. *Ibid.*, p. 231.

Un livre important mais age peu répétitif. Une analyse très fine de la société américain depuis les origines du pays.

Va-t-on devoir parler à l'avenir d'empire américain ?

À travers l'histoire, les formations impériales véritables ont toujours présenté deux caractéristiques, liées l'une à l'autre par des rapports fonctionnels :

— l'empire naît de la contrainte militaire, et cette contrainte permet l'extraction d'un tribut qui nourrit le centre ;

— le centre finit par traiter les peuples conquis comme des citoyens ordinaires et les citoyens ordinaires comme des peuples conquis. La dynamique du pouvoir mène au développement d'un égalitarisme universaliste, dont l'origine n'est pas la liberté de tous mais l'oppression de tous. Cet universalisme né du despotisme se développe en sentiment de responsabilité vis-à-vis de tous les sujets, dans un espace politique où n'existent plus de différences essentielles entre le peuple conquérant et les peuples conquis.

Ces deux critères permettent immédiatement de voir que, si Rome, d'abord conquérante et prédatrice, puis universaliste et dispensatrice de routes, d'aqueducs, de droit et de paix, méritait bien le titre d'empire, Athènes ne représentait qu'une forme avortée. On peut à la rigueur accorder à cette dernière le bénéfice du doute quant à la conquête militaire et admettre que sa puissance armée était prouvée par l'existence du tribut payé par les cités de la ligue de Délos, le *phoros*. Mais Athènes n'a guère avancé dans la direction de l'universalisme. Elle s'est au plus efforcée de juger, dans le cadre de son propre droit, certains conflits juridiques entre membres de cités alliées. Elle n'a en revanche nullement étendu, comme Rome, son droit de cité, qui tendit au contraire à se restreindre dans la période d'affirmation du pouvoir central.

Au regard de chacun des deux critères les États-Unis présentent des insuffisances notables, dont l'examen permet de prédire à coup sûr qu'il n'y aura pas, vers l'an 2050, d'empire américain.

Deux types de ressources « impériales » font spécialement défaut à l'Amérique : *son pouvoir de contrainte militaire et économique est insuffisant* pour maintenir le niveau actuel d'exploitation de la planète ; *son universalisme idéologique est en déclin* et ne lui permet plus de traiter les hommes et les peuples de façon égalitaire, pour leur assurer la paix et la prospérité autant que pour les exploiter.

Les deux chapitres qui suivent vont examiner ces déficiences fondamentales.

CHAPITRE 4

La fragilité du tribut

Il est habituel ces jours-ci de dénoncer l'armée des États-Unis comme disproportionnée, témoignage à elle seule d'une ambition impériale. On avance alors que les dépenses militaires de l'« unique superpuissance » constituent le tiers du total mondial. N'attendons quand même pas des dirigeants américains qu'ils démentent eux-mêmes la puissance de leur armée ! L'examen méthodique des dépenses suggère pourtant que c'est une inquiétude réelle concernant le potentiel des États-Unis qui avait conduit Bush, avant même les attentats du 11 septembre, à proposer une augmentation du budget. Nous sommes confrontés à une situation intermédiaire : l'appareil militaire américain est surdimensionné pour assurer la sécurité de la nation, mais sous-dimensionné pour contrôler un empire, et plus largement pour maintenir durablement une hégémonie en Eurasie, loin, si loin du Nouveau Monde.

La fragilité militaire américaine est en un sens structurelle, ancrée dans l'histoire d'une nation qui n'a jamais eu à affronter un adversaire à sa mesure. On pense immédiatement au rôle formateur des guerres indiennes, qui ont opposé, de façon radicalement asymétrique, des tribus analphabètes et sous-équipées à une armée moderne de type européen.

L'incapacité militaire traditionnelle

Une sorte de doute originel plane donc sur la réalité de la vocation militaire des États-Unis. Le déploiement spectaculaire de ressources économiques durant la Seconde Guerre mondiale ne peut faire oublier la modestie des performances de l'armée sur le terrain. Laissons de côté la question des bombardements lourds pratiqués par les Anglo-Saxons, et touchant massivement les civils : ils n'ont pas eu d'effets stratégiques appréciables et n'ont sans doute eu pour conséquence notable que le durcissement de la résistance de la population allemande dans son ensemble à l'offensive alliée.

La vérité stratégique de la Seconde Guerre mondiale est qu'elle a été gagnée, sur le front européen, par la Russie, dont les sacrifices humains, avant, pendant et après Stalingrad, ont permis de casser l'appareil militaire nazi. Le débarquement de Normandie, en juin 1944, n'est intervenu que tardivement, alors que les troupes russes avaient déjà atteint leur propre frontière occidentale en direction de l'Allemagne. On ne peut comprendre la confusion idéologique de l'après-guerre si l'on oublie que, dans l'esprit de beaucoup, à l'époque, c'était le communisme russe qui avait abattu le nazisme allemand et contribué le plus à la liberté de l'Europe.

À tous les stades, ainsi que l'a bien vu l'historien et expert militaire britannique Liddell Hart, le comportement des troupes américaines a été bureaucratique, lent, inefficace compte tenu de la disproportion des forces économiques et humaines en présence[1]. Chaque fois que c'était possible, les opérations exigeant un certain esprit de sacrifice ont été confiées à des contingents alliés : polonais et français au

---

1. B.H. Liddell Hart, *History of the Second World War*, Pan Books, Londres, 1973.

mont Cassin en Italie, polonais pour boucler la poche de Falaise en Normandie. L'actuelle « manière » américaine en Afghanistan, qui consiste à engager et payer, opération par opération, des chefs de tribu, n'est donc que la version actuelle, et paroxystique, d'une méthode ancienne. Ici, l'Amérique n'est proche ni de Rome ni d'Athènes, mais de Carthage, louant les services de mercenaires gaulois ou de frondeurs baléares. Avec les B-52 dans le rôle des éléphants mais personne dans celui d'Hannibal.

La maîtrise aéronavale des États-Unis est en revanche indiscutable. Elle est sensible dès la guerre du Pacifique, même si l'on a un peu tendance à oublier, lorsque l'on évoque l'affrontement entre Américains et Japonais, l'invraisemblable disproportion des forces matérielles en présence. Après quelques premiers combats héroïques comme la bataille de Midway, menée contre des forces comparables, la guerre du Pacifique a pris assez vite des allures de « guerre indienne », l'inégalité des puissances technologiques entraînant une extraordinaire inégalité des pertes[1].

Après la Seconde Guerre mondiale, chaque pas approchant ensuite l'armée américaine d'une confrontation avec le véritable vainqueur terrestre de ce conflit, la Russie, a révélé la fragilité militaire fondamentale des États-Unis. En Corée, l'Amérique n'a qu'à moitié convaincu, au Vietnam pas du tout; le test face à l'Armée rouge n'a heureusement pas eu lieu. Quant à la guerre du Golfe, elle a été remportée

---

1. Les statistiques disponibles ne permettent pas de distinguer les fronts et les théâtres d'opération, mais les chiffres globaux de tués au combat donnent déjà une indication :
États-Unis (contre l'Allemagne et le Japon) : 300 000
Royaume-Uni : 260 000
France : 250 000
Russie : 13 000 000
Japon (contre tous adversaires) : 1 750 000
Allemagne : 3 250 000

contre un mythe, l'armée irakienne, instrument militaire d'un pays sous-développé de 20 millions d'habitants. L'émergence récente du concept de guerre sans mort, du côté des États-Unis du moins, mène à son point d'aboutissement une préférence originelle pour l'affrontement asymétrique. Il admet, formalise et aggrave l'incapacité traditionnelle au sol de l'armée américaine.

Je ne suis pas ici en train d'accuser les États-Unis de n'être pas capables de faire la guerre comme les autres, c'est-à-dire stupidement, en boucher simultané de leurs adversaires et de leur propre population. Faire la guerre au moindre coût pour soi-même et à un coût maximal pour l'ennemi peut découler d'une saine logique utilitariste. Reste que l'absence d'une tradition militaire américaine au sol interdit l'occupation du terrain et la constitution d'un espace impérial au sens habituel du concept.

L'armée russe est réduite aujourd'hui à une petite fraction de ce que fut sa puissance. Chacun ironise sur ses difficultés en Tchétchénie. Mais, dans le Caucase, la Russie est en train de démontrer qu'elle peut encore prélever sur sa population l'impôt du sang, avec le soutien du corps électoral. Cette capacité est une ressource militaire, de type social et psychologique, que l'Amérique est en train de perdre définitivement avec le développement du concept de guerre sans mort.

Géographie de l'« empire »

En 1998, huit ans après l'effondrement du système soviétique, à la veille du déclenchement de la « lutte contre le terrorisme », la distribution des forces américaines dans le monde restait encore largement définie par le grand affrontement du passé, la guerre froide. Hors des États-Unis, on trouvait alors 60053 hommes en Allemagne, 41257 au

Japon, 35 663 en Corée, 11 677 en Italie, 11 379 au Royaume-Uni, 3 575 en Espagne, 2 864 en Turquie, 1 679 en Belgique, 1 066 au Portugal, 703 aux Pays-Bas, 498 en Grèce[1]. Cette distribution des forces américaines et de leurs bases donne une vision non subjective de l'« empire », dans la mesure où il existe. Les deux possessions fondamentales des États-Unis, leur prise réelle sur l'Ancien Monde, ainsi que le dit très clairement Brzezinski, sont les deux protectorats européen et extrême-oriental, sans lesquels il n'existerait pas de puissance américaine mondiale. Ces deux protectorats logent, et nourrissent assez largement dans le cas du Japon et de l'Allemagne, 85 % du personnel militaire américain à l'étranger.

À côté de ces implantations, les pôles nouveaux du Sud-Est européen, comprenant la Hongrie, la Croatie, la Bosnie et la Macédoine, ne comptaient en 1998 que 13 774 hommes, le pôle moyen-oriental avec l'Égypte, l'Arabie saoudite, Koweït et Bahreïn seulement 9 956, 12 820 si l'on y ajoute le pôle turc, plurifonctionnel, tourné simultanément contre la Russie et vers le Moyen-Orient. Mais pour l'essentiel, les soldats de l'empire veillent toujours sur les marges de l'ancien espace communiste, encerclent de fait la Russie et la Chine. L'établissement de 12 000 hommes en Afghanistan et de 1 500 en Ouzbékistan a complété plutôt qu'altéré cette disposition géographique fondamentale.

Un repli avorté

Une telle constatation n'implique pas qu'on dénonce une volonté stable et persistante d'agression américaine. Il est même possible d'avancer des arguments opposés : durant la

---

1. U.S. Census Bureau, *Statistical Abstract of the United States : 2000*, tableau 580.

Tableau 6. Personnel militaire américain à l'étranger en 1998

Pays où se trouvaient plus de 200 hommes	
Allemagne	60053
Japon	41257
Corée	35663
Italie	11677
Royaume-Uni	11379
Bosnie-Herzégovine	8170
Égypte	5846
Panama	5400
Hongrie	4220
Espagne	3575
Turquie	2864
Islande	1960
Arabie saoudite	1722
Belgique	1679
Koweït	1640
Cuba (Guantanamo)	1527
Portugal	1066
Croatie	866
Bahreïn	748
Diego Garcia	705
Pays-Bas	703
Macédoine	518
Grèce	498
Honduras	427
Australie	333
Haïti	239
TOTAL	259871
À terre	218957
Embarqués	40914

Source : *Statistical Abstract of the United States : 2000*, p. 368.

décennie suivant l'effondrement de l'empire soviétique, les États-Unis ont loyalement joué le jeux de la désescalade, du repli. En 1990, le budget militaire américain était de 385 milliards de dollars, en 1998, de 280 milliards, soit une réduction de 28%. Entre 1990 et 2000, le personnel d'active américain global est tombé de 2 à 1,4 million d'hommes, soit une chute de 32% en dix ans[1]. Quelle que soit la nature réelle du PNB américain, la part de l'agrégat consacré aux dépenses militaires est tombée de 5,2%, en 1990, à 3%, en 1999. On ne voit pas comment une rétraction d'une telle ampleur pourrait être interprétée comme le signe manifeste d'une volonté impériale. Dénoncer sans cesse le projet permanent de domination mondiale que poursuivraient les États-Unis est absurde. La chute des dépenses militaires américaines ne s'est arrêtée que vers 1996-1998. Le budget n'est reparti à la hausse que vers 1998.

Deux phases sont donc identifiables, dont l'existence révèle un retournement de la stratégie américaine, peu après le milieu des années 90. Une fois de plus, la période 1990-2000 n'apparaît pas homogène.

— Entre 1990 et 1995, un retrait impérial est clair dans le domaine militaire, qui correspond à la montée en puissance du débat sur le protectionnisme et le choix éventuel d'une option national-démocratique dans le domaine économique et social. Au lendemain de l'effondrement du communisme, la redéfinition des États-Unis comme une grande nation, leader des nations libérales et démocratiques, mais égale dans son principe aux autres a été sérieusement envisagée. Ce choix aurait inclus le retour à une indépendance économique « relative », impliquant non l'autarcie ou même la réduction des échanges avec l'étranger, mais *l'équilibre des comptes extérieurs, symptôme économique de l'égalité des nations.*

— Cette tendance s'est inversée par étapes. Il vaudrait mieux dire, a échoué par étapes. Entre 1997 et 1999, le déficit commercial explose. Entre 1999 et 2001, l'Amérique amorce sa remilitarisation. Il existe un rapport nécessaire

---

1. On trouvera une très bonne analyse de la réalité de la dépense et de la puissance militaires américaines dans M.E. O'Hanlon, *Defense Policy Choices for the Bush Administration 2001-2005*, Brookings Institution Press, 2001.

entre la montée de la dépendance économique et l'accroissement de l'appareil militaire. Le redéveloppement des forces armées découle d'une prise de conscience de la vulnérabilité économique croissante des États-Unis. La hausse de 15 % des dépenses militaires annoncée par George W. Bush a procédé de choix antérieurs à l'affaire du 11 septembre. Vers 1999, l'establishment politique américain a pris conscience de la réelle insuffisance de son potentiel militaire dans l'hypothèse d'une économie de type impérial, c'est-à-dire dépendante. Les problèmes de sécurité militaire d'une puissance qui vit de la captation sans contrepartie d'une richesse extérieure ne sont pas du même ordre que ceux des pays qui équilibrent leurs comptes.

Il est cependant difficile, dans le cas des États-Unis, de considérer cette captation de richesse comme la perception d'un tribut au sens traditionnel, étatique et impérial du terme, obtenu directement par la violence, par la contrainte militaire. Seuls les frais de logement et de nourriture payés aux troupes américaines par le Japon et l'Allemagne peuvent s'analyser comme un tribut de type classique. La façon dont l'Amérique arrive à consommer sans contrepartie est bizarre, pour ne pas dire mystérieuse, et dangereuse.

Étrangeté et spontanéité du tribut

L'Amérique importe et consomme. Elle prélève, pour payer ses importations, des signes monétaires dans le monde entier, mais d'une façon originale, jamais vue dans l'histoire des empires. Athènes prélevait le *phoros*, contribution annuelle des cités alliées, d'abord volontaire puis exigée par la force. Rome a dans un premier temps pillé les trésors du monde méditerranéen, puis extorqué, en nature ou en utilisant l'argent de l'impôt, les blés de Sicile et d'Égypte. Le prélèvement violent était consubstantiel à la nature de Rome, au point que César admettait ne pouvoir conquérir la Germanie parce que celle-ci, avec son agriculture itinérante instable, n'était pas capable de nourrir les légions romaines. Les États-Unis ne prélèvent autoritairement qu'une fraction des signes monétaires et des biens qui leur sont nécessaires. Il y a, on l'a vu, le logement et l'approvisionnement des troupes américaines au Japon et en Allemagne. Il y a eu, dans le cas de la guerre du Golfe, des contributions financières directes des États alliés qui, au contraire de la Grande-Bretagne et de la France, n'ont pas participé aux opérations militaires. Nous étions là très proches du *phoros* athénien. Il y a enfin les exportations d'armes, biens réels dont la vente rapporte de l'argent mais dont la valeur n'est pas définie, conformément à la théorie économique libérale, par les préférences des consommateurs individuels. Des rapports de force entre États permettent ces ventes, qui révèlent parfois un authentique pouvoir de contrainte américain, ainsi que l'ont récemment constaté à leurs dépens les naïfs représentants de Dassault en Corée.

Les ressources monétaires que ces ventes d'armes rapportent aux États-Unis sont bien l'équivalent d'un tribut prélevé par des voies politiques et militaires. Mais leur volume ne permettrait nullement de maintenir le niveau actuel de consommation des Américains. L'antiaméricanisme classique évoque avec raison le rôle écrasant des États-Unis dans l'exportation d'armes : 32 milliards de dollars en 1997, 58 % des ventes mondiales à l'étranger par exemple. Cette proportion est phénoménale sur le plan militaire. Mais si le volume avait encore un sens sur le plan économique à cette date puisque le déficit commercial n'était encore que de 180 milliards de dollars, il ne représentait plus grand-chose face aux 450 milliards de l'année 2000.

Le contrôle de certaines zones de production pétrolière
est un élément important du tribut traditionnel. La position
dominante des multinationales américaines du pétrole, politique autant qu'économique, permet l'extorsion d'une rente
planétaire, mais dont le niveau ne suffirait plus aujourd'hui
à financer les importations américaines de biens de toutes
sortes. La position dominante du pétrole à l'intérieur de la
sphère des prélèvements politiques contribue cependant à
expliquer la fixation obsessionnelle de la politique étrangère américaine sur ce bien particulier.

Reste que la majeure partie du tribut prélevé par les
États-Unis est obtenue sans contrainte politique et militaire,
par des voies libérales, spontanées. Les achats américains
de biens dans le monde sont payés. Les agents économiques
américains se procurent, sur un marché monétaire plus libre
qu'il ne l'a jamais été, les devises étrangères qui leur permettent ces achats. Pour ce faire, ils les échangent contre
des dollars, monnaie magique dont la valeur n'a pas baissé
durant la phase d'aggravation du déficit commercial, du
moins jusqu'à avril 2002. Comportement tellement magique
que certains économistes en ont déduit que le rôle économique mondial des États-Unis n'était plus de produire,
comme les autres nations, des biens, mais de la monnaie.

La doctrine O'Neill

Dans le monde originel de la théorie économique, la
demande de devises étrangères nécessaires à l'achat des
richesses du monde devrait entraîner une baisse du dollar,
monnaie peu demandée pour l'achat de biens américains
de moins en moins compétitifs à l'échelle planétaire. De
tels mouvements ont été observés dans un passé relati-

vement récent, dans les années 70 notamment qui virent l'émergence du déficit commercial. Contrairement à ce que pensent en France certains archéogaullistes, le rôle de monnaie de réserve du dollar ne confère donc pas aux États-Unis une garantie de pouvoir d'achat monétaire indépendant des performances de leur économie à l'exportation.

Reste que, un quart de siècle plus tard, en notre début de troisième millénaire, malgré un déficit commercial jamais vu dans l'histoire, en l'absence d'un taux d'intérêt élevé, et malgré un niveau d'inflation relativement plus élevé qu'en Europe et au Japon, le dollar est longtemps resté fort. Parce que l'argent du monde courait alors vers les États-Unis. Partout, des entreprises, des banques, des investisseurs institutionnels, des particuliers se sont mis à acheter des dollars, assurant le maintien de sa parité à un niveau élevé. Ces dollars ne servent pas dans un tel contexte à acheter des biens de consommation mais à réaliser, aux États-Unis, des investissements directs ou à acquérir des valeurs — bons du Trésor, obligations privées, actions.

C'est le mouvement du capital financier qui assure l'équilibre de la balance des paiements américaine : année après année, si nous simplifions à outrance le mécanisme observé, le mouvement du capital vers l'espace intérieur américain permet l'achat de biens venus de l'ensemble du monde. Si l'on tient compte du fait que la majorité des biens achetés à l'extérieur sont destinés à la consommation, correspondant à une demande indéfiniment renouvelable à court terme, alors que le capital financier investi aux États-Unis devrait correspondre en majorité à des investissements à moyen ou long terme, on doit admettre qu'il existe quelque chose de paradoxal, pour ne pas dire de structurellement instable dans le mécanisme.

À la suite de déclarations répétées du secrétaire au Trésor américain, *The Economist* de Londres a joliment, mais avec une certaine inquiétude, baptisé « doctrine O'Neill » l'affirmation que, dans notre monde sans frontières, l'équilibre des comptes extérieurs n'a plus aucune importance[1]. Felix Rohatyn, ancien ambassadeur des États-Unis à Paris, exprime mieux la peur des responsables américains lorsque, s'inquiétant des effets du scandale Enron sur les investisseurs étrangers, il rappelle que l'Amérique a besoin de 1 milliard de dollars par jour de rentrées financières pour couvrir son déficit commercial[2].

Le *Bureau of Economic Analysis* américain suit quant à lui avec une anxiété certaine, année après année, la couverture des importations par les flux financiers. Tant que les monnaies nationales existent, l'équilibre doit être réalisé d'une manière quelconque. La rhétorique rassurante de O'Neill — il est dans son rôle de tranquillisant des marchés lorsqu'il raconte n'importe quoi — n'aurait de sens que dans un univers monétaire impérial plein et entier, *si le dollar avait un cours forcé et un pouvoir libératoire sur l'ensemble de la planète*, situation dont la condition la plus élémentaire serait un pouvoir de contrainte militaire et étatique absolu. Bref un monopole wébérien de la violence légitime exercé par les États-Unis à l'échelle du monde. L'armée américaine, qui n'a toujours pas attrapé ni le mollah Omar ni Ben Laden, semble bien incapable de remplir une telle mission. Les règles traditionnelles restent valables : si les Américains consomment trop et que le flux financier cesse, le dollar s'effondrera. Mais peut-être suis-je ici victime d'une conception totalement archaïque de la notion d'empire et de pouvoir, en accordant trop d'importance à la notion politique et militaire de contrainte. Le flux financier actuel pourrait être devenu, au stade actuel du

1. Interview parue dans *Les Échos*, 11 avril 2002.
2. Dans un article intitulé « The betrayal of capitalism », publié par la *New York Review of Books*, le 31 janvier 2002 et repris récemment dans *Le Monde*.

capitalisme globalisé, une nécessité intrinsèque, l'élément stable d'une économie impériale de type nouveau. C'est une hypothèse qu'il faut envisager.

Une superpuissance qui vit au jour le jour

L'interprétation dominante, produite par les économistes qui ne veulent pas d'ennuis (soit parce qu'ils appartiennent aux universités de l'establishment américain, soit parce qu'ils travaillent pour les institutions qui vivent du transfert des fonds), affirme que l'argent va s'investir aux États-Unis parce que l'économie américaine est plus dynamique, qu'elle accepte mieux le risque et s'avère plus profitable, au sens strict. Pourquoi pas ? L'improductivité « physique », technologique et industrielle d'une économie telle que celle des États-Unis n'implique pas en elle-même que son niveau de rentabilité financière soit faible. Concevoir, dans une économie, pendant une période substantielle mais limitée, la coexistence d'une profitabilité élevée des entreprises et le surdéveloppement de secteurs inutiles ne pose pas de problème de principe. L'activité financière peut se suffire à elle-même, dégager du profit dans des opérations ne touchant pas la sphère de la production réelle ; or, on l'a vu, la part de la finance dépasse désormais celle de l'industrie dans la vie économique américaine. On peut aller plus loin : *un taux de profit élevé dans des activités à faible potentiel technologique et industriel guide l'économie vers l'impro-ductivité.* Les activités de courtage d'Enron étaient, de ce point de vue, archétypales puisqu'il s'agissait de dégager du profit dans une opération intermédiaire non directement productive, la théorie économique nous assurant que cette activité « optimisait » l'ajustement entre production et consommation. Comme on osait le dire avant l'ère du virtuel, la preuve du pudding est dans le fait de le manger. Dans le cas d'Enron, il est désormais clair qu'il n'y avait rien à manger, rien de réel en tout cas. Mais le phénomène Enron a existé et contribué, durant quelques années, au guidage de l'économie réelle vers la sous-production, en l'occurrence vers un déficit énergétique.

Dire que l'argent va aux États-Unis parce que les investisseurs obéissent à un souci de rentabilité, c'est quand même se soumettre à la vulgate supérieure de notre temps, qui nous assure qu'un taux de profit élevé, impliquant un niveau de risque élevé, constitue désormais pour les riches l'horizon du rêve. Une telle motivation — l'amour du profit et le goût du risque — conduirait à une prédominance structurelle des achats d'actions et des investissements directs étrangers aux États-Unis. Ce n'est pas le cas. Tous les flux monétaires dirigés vers les États-Unis ne s'intègrent pas à la vision dynamique et aventureuse d'une nouvelle frontière désormais planétaire, la « nouvelle économie » du Net et des « autoroutes de l'information ». La recherche de la sécurité prime, on va le voir, sur celle de la rentabilité.

Le plus étonnant, pour qui s'intéresse à l'équilibre de la balance des paiements américaine, est en fait la variabilité des positions relatives tenues par les achats de bons du Trésor, d'obligations privées, d'actions et par les investissements directs dans le financement du déficit américain[1]. Ces mouvements violents ne peuvent s'expliquer par les variations du taux d'intérêt, qui n'ont ni le même rythme ni la même ampleur. Les achats de bons du Trésor et d'obligations privées n'échappent certes pas à l'impératif de renta-

---

1. Bureau of Economic Analysis, *U.S. International Transactions Account Data*.

bilité, mais ils révèlent aussi une préférence pour la sécurité de taux fixes, garantis par un système économique, politique, bancaire et monétaire sûr. Or ces achats de sécurité ont été et sont très importants pour le financement courant des États-Unis.

Laissons de côté dans l'analyse le poste important, instable et mystérieux des dettes diverses, bancaires et non bancaires, et concentrons-nous sur les aspects classiques, rassurants, des mouvements du capital financier. Concentrons-nous également sur les années 90, décennie décisive durant laquelle le monde digéra l'effondrement du communisme et vécut l'apothéose de la globalisation financière. La montée en puissance des flux de capitaux vers les États-Unis a été saisissante : de 88 milliards de dollars en 1990, à 865 milliards en 2001. Ces chiffres, bien évidemment, n'intègrent pas le mouvement inverse, près de deux fois moins important, de sortie du capital hors des États-Unis. Il a fallu une balance positive, de 485 milliards de dollars en 2000, pour compenser le déficit de la balance des biens et services. Mais au-delà de la masse croissante du capital financier immigré, ce qui est frappant sur dix ans, c'est d'abord la variabilité du type d'influx : en 1990 prédomine l'investissement direct, création ou surtout achat d'entreprises par des étrangers (55 % de l'apport d'argent). En 1991, les achats d'actions et d'obligations l'emportaient (45 %). En 1991, 1992, 1995, 1996 et 1997, les achats de bons du Trésor étaient importants et servaient à couvrir le déficit budgétaire américain. Entre 1997 et 2001, les achats d'actions et d'obligations privées sont montés en puissance, passant de 28 % du total à 58 %. Nous pourrions croire à une apothéose du capital libéral, simultanément efficace et boursicoteur. Mais si, comme c'est possible pour les années 2000 et 2001, nous décomposons le poste « achats de valeurs privées » en

Après l'empire

actions, à rentabilité variable, et en obligations, à taux fixe, nous découvrons que l'image dominante et héroïque de la recherche du profit maximal par le risque maximal, l'achat d'actions, ne décrit pas l'essentiel du phénomène.

Tableau 7. Achats de titres et investissements directs par l'étranger aux États-Unis

	Total en millions de dollars	Bons du Trésor %	Actions/ obligations %	Investissement direct %	Dettes %
1990	88861	-3	2	55	46
1991	78020	24	45	30	1
1992	116786	32	26	17	26
1993	191387	13	42	27	19
1994	243006	14	23	19	43
1995	343504	29	28	17	26
1996	441952	35	29	20	16
1997	715472	20	28	15	37
1998	507790	10	43	35	12
1999	747786	-3	46	40	16
2000	985470	-5	49	29	27
2001	865584	2	58	18	22

Source : http://www.bea.doc.gov/bea/international

À leur apogée en l'an 2000, les achats d'actions américaines par des étrangers représentaient 192,7 milliards de dollars ; mais à la même date les achats d'obligations atteignaient 292,9 milliards de dollars. Si l'on évalue ces volumes de transaction en pourcentage de l'argent frais prélevé dans le monde par les États-Unis, nous obtenons 19 % pour les actions, 30 % pour les obligations. En 2001, année de récession et de frayeur terroriste, le volume représenté par les actions est tombé à 15 % du total, mais on a assisté à l'apothéose des achats d'obligations qui en constituaient 43 %.

Ce résultat de l'analyse est, sans mauvais jeu de mot, capital. Comme l'a si bien exprimé Keynes, l'homme qui veut placer son argent vit une double angoisse : la peur de le perdre et la peur de ne pas gagner le plus possible. Il recherche simultanément la sécurité et le profit. Contrairement à ce que suggère l'idéologie du néolibéralisme moderne, l'histoire vraie de la finance actuelle évoque une prédominance de l'impératif de sécurité dans le choix des États-Unis comme lieu de placement. Voilà qui nous éloigne de la saga du capitalisme libéral, mais nous rapproche d'une conception politique, impériale de la globalisation économique et financière, car les États-Unis sont bien le cœur politique du système économique et semblaient jusqu'à très récemment le lieu le plus sûr pour placer de l'argent. L'insécurité récente résulte du dévoilement des fraudes comptables aux États-Unis, nullement de l'attentat du 11 septembre.

Un problème cependant n'est pas résolu : le monde entier a préféré placer son argent aux États-Unis, soit. Mais pourquoi la planète dispose-t-elle d'une telle quantité d'argent à placer ? Une analyse des effets financiers de la globalisation économique dans chacune des sociétés nationales permet de saisir un mécanisme au fond assez simple.

Un État pour les riches

Même si l'on admet que le capitalisme est la seule organisation économique raisonnable (ce qui est mon cas), il faut concéder que ce système, laissé à lui-même, est vite ravagé par quelques dysfonctions fondamentales, y compris pour les riches. Essayons ici d'atteindre à la véritable impartialité. Oublions les masses laborieuses et la compression de leurs salaires, oublions aussi l'intérêt général bafoué par la tendance au déficit de la demande globale. Adoptons, pour une fois, le point de vue des privilégiés, efforçons-nous d'être myopes et intéressons-nous à leurs soucis, c'est-à-dire au destin de leurs profits.

La hausse du taux de profit accroît les revenus des classes supérieures mais ces revenus gonflés ne constituent en aucune manière une réalité physique. La masse des profits est un agrégat financier abstrait, un amas de signes monétaires, que les possédants ne peuvent bien entendu utiliser pour leur seule consommation. Ils peuvent multiplier leurs dépenses en personnel, redistribuant vers le bas de la société, par l'achat de services, une partie du revenu accaparé. Ce mécanisme est déjà très important aux États-Unis, où le développement des services n'est plus celui d'un tertiaire moderne, mais un retour à la vieille gabegie humaine des sociétés aristocratiques du passé. Les nobles, alors détenteurs de la richesse, nourrissaient une kyrielle de dépendants, employés à des tâches domestiques ou guerrières. La nouvelle ploutocratie s'attache les services d'avocats, de comptables, de gardes privés. Les meilleurs analystes de ces mécanismes de redistribution restent sans doute les premiers économistes anglais comme Smith, qui avaient encore sous les yeux, à la fin du xviii⁰ siècle, une redistribution vers le bas de la richesse par l'emploi massif de domestiques. « Un homme s'enrichit en employant une multitude d'ouvriers : il devient pauvre en entretenant une multitude de petits serviteurs[1]. »

Mais les masses financières extraites sont aujourd'hui trop considérables. On a vu plus haut le gonflement prodigieux de la fraction du revenu national américain accaparée par les 20 % les plus riches, ou même les 5 % les plus

---

1. *The Wealth of Nations*, édition Penguin, 1979, p. 430. Au sens économique où l'entend Smith, la notion de *servant* inclurait sans nul doute une bonne partie de la nouvelle économie de services américaine.

riches. *À un degré moindre, ce phénomène est caractéristique de tous les pays du monde économiquement globalisé.* Que faire du revenu inemployé, comment le conserver ? Ou, si nous passons de la crainte à l'espoir du riche, comment le faire fructifier, s'autoreproduire et s'élargir de lui-même ?

Le placement financier est une nécessité ; mieux, l'existence d'une instance sécurisée de cristallisation des profits est pour le capitalisme un besoin ontologique. Il y avait l'État, emprunteur, dont le rôle a été parfaitement perçu par Marx : la rente publique fut très tôt pour les bourgeoisies un instrument de sécurité financière. Et puis il y a la Bourse, où se déverse l'argent des profits. Dans le contexte d'un capitalisme mondial revenant en quelques années à l'état sauvage, le pays leader de la financiarisation, *État central du nouveau système économique*, avait une sorte d'avantage comparatif initial pour absorber, dans un but de conservation et de sécurisation, un profit mondial démultiplié. L'Amérique avait tous les atouts : une idéologie adaptée, le plus gros appareil militaire, la plus forte capitalisation boursière initiale. Japon mis à part, les capitalisations boursières des autres pays occidentaux apparaissaient, vers 1990, minuscules par rapport à celle des États-Unis. Le Japon, dont le système économique reste de type national, protégé, et dont la langue est comme un gage d'opacité, ne pouvait être un rival sérieux.

Les États-Unis, leader monétaire et militaire, offraient au départ des conditions de sécurité maximales. Wall Street, dont les indicateurs boursiers semblent désormais diriger ceux de la planète entière (à la hausse hier, à la baisse aujourd'hui), est devenu le point d'aboutissement principal du mécanisme : 3 059 milliards de capitalisation aux États-Unis en 1990, 13 451 milliards en 1998. Mais tout cela n'a pas grand-chose à voir avec la notion d'efficacité économique, de productivité en un sens physique, réel, même si l'image des « nouvelles technologies » est un élément mythique appréciable du processus.

Tableau 8. Capitalisations boursières
(en milliards de dollars)

	1990	1998	Augmentation
États-Unis	3059	13451	340 %
Japon	2918	2496	– 15 %
Royaume-Uni	849	2374	180 %
Allemagne	355	1094	208 %
France	314	992	216 %
Canada	242	543	124 %
Italie	149	570	283 %

Source : *Statistical Abstract of the United States : 2000*, tableau 1401.

L'augmentation de la capitalisation boursière, totalement disproportionnée avec la croissance réelle de l'économie américaine, ne représente en réalité qu'une sorte d'inflation des riches. L'extraction du profit gonfle des revenus qui vont s'investir en Bourse, où la rareté relative des « biens » à acheter, les actions, produit une hausse de leur valeur nominale.

Volatilisation

L'exploitation des classes laborieuses du monde développé et la surexploitation des pays en voie de développement ne poseraient pas un problème insurmontable à l'équilibre de cette société globalisée si les classes dirigeantes de tous les pays de la planète, et spécifiquement des protectorats européens et japonais, y trouvaient leur compte. La vulnérabilité grandissante de l'hégémonie américaine découle en partie de ce que le mécanisme régulateur devient une menace pour les classes privilégiées de la périphérie domi-

[annotation manuscrite en marge :] IMP

[annotation manuscrite en bas de page :] en clair, les classes possédantes, tant européennes que japonaises, craignent pour leurs investissements américains. Il y a plus, les réserves massives

née, qu'il s'agisse des possédants européens et japonais ou des nouvelles bourgeoisies des pays en développement. Nous devons donc maintenant nous attacher à suivre plus avant le destin mondial du profit, qui va nous entraîner, au-delà de la dénonciation morale de son extraction, à l'examen de son évaporation.

Si nous sortons d'un modèle général et abstrait utilisant les mots de capitalisme, de profit, de riches, de Bourse, etc. et réinsérons ces notions dans la réalité du monde, nous devons dire, tout simplement, qu'une partie importante des profits du monde court vers le système boursier américain. Je n'aurais pas la prétention de vouloir seul reconstituer la totalité des mécanismes de redistribution aux États-Unis de ce revenu en provenance de l'étranger. Trop de leurres financiers et idéologiques font du système un jeu de miroirs déformants : de l'emploi d'une domesticité innombrable d'avocats et de comptables par les possesseurs du capital à l'endettement des ménages moyens et aux purges successives subies par Wall Street. Sans oublier les baisses successives du loyer de l'argent, avec un taux d'intérêt réel zéro en ligne de mire, qui équivalent, dans une économie de spéculation, à des distributions gratuites de monnaie. Mais si nous admettons que l'économie américaine est, dans sa réalité physique, faiblement productive, ainsi qu'en témoigne l'importation massive et croissante de biens de consommation, nous devons considérer que la capitalisation boursière est une masse fictive et que l'argent dirigé vers les États-Unis entre, littéralement, dans un mirage. *(appelé à s'évaporer un jour)*

Par des voies mystérieuses, le mouvement d'argent conçu par les privilégiés de la périphérie comme un investissement en capital se transforme pour les Américains en signes monétaires servant à la consommation courante de biens achetés à travers le monde. L'investissement en capital devra donc, d'une façon ou d'une autre, être vaporisé. La

libellés en dollars US que détiennent la Chine, Taiwan et Hong Kong (sans parler des autres pays de l'Asie orientale) sont menacés par un éblouissement du "greenback"

science économique devrait spéculer, analyser, prévoir : la
chute des indicateurs boursiers, la disparition d'Enron, l'implosion du cabinet d'audit Andersen fournissent des pistes
et des hypothèses. Chaque faillite américaine se traduit
pour les banques européennes ou japonaises par des vola-
tilisations d'actifs. Et puis nous savons d'expérience en
France que, du scandale du Crédit Lyonnais à la mégalo-
manie américanophile de Jean-Marie Messier, un investissement massif au États-Unis est comme l'annonce d'une
catastrophe imminente. Nous ne savons pas encore comment, et à quel rythme, les investisseurs européens, japonais
et autres seront plumés, mais ils le seront. Le plus vraisemblable est une panique boursière d'une ampleur jamais
vue suivie d'un effondrement du dollar, enchaînement qui
aurait pour effet de mettre un terme au statut économique
« impérial » des États-Unis. Nous ne savons pas encore si la
baisse du dollar qui s'est amorcée au début d'avril 2002, à la
suite de l'affaire Enron-Andersen, n'est qu'un aléa du système ou le début de sa fin. Rien de tout cela n'a été voulu
ou pensé. L'implosion du mécanisme sera aussi surprenante
que l'a été son émergence.

Dans la mesure où les revenus des pauvres, des classes
moyennes et des privilégiés ont progressé de 1995 à 2000
à peu près au même rythme aux États-Unis, le moraliste
peut trouver un certain réconfort dans la vision terminale
d'une plèbe américaine accaparant une partie des profits
du monde entier, européens notamment. C'est un retour
fondamentaliste à Jesse James[1] : on vole aux riches pour
donner aux pauvres — à ses pauvres. Un tel mécanisme ne
révèle-t-il pas la puissance impériale des États-Unis, semblable à celle de Rome ?

---

1. Célèbre hors-la-loi de l'Ouest américain qui, dans les années 1860-1880,
avec son frère, à la tête d'une bande, dévalisait les banques et les trains.

Mais l'Amérique n'a pas la puissance militaire de Rome. Son pouvoir sur le monde ne peut se passer de l'accord des classes dirigeantes tributaires de la périphérie. Au-delà d'un certain taux de prélèvement, et d'un certain niveau d'insécurité financière, l'adhésion à l'empire n'est peut-être plus pour ces dernières une option raisonnable.

Notre servitude volontaire ne peut se maintenir que si les États-Unis nous traitent de façon équitable, mieux, s'ils nous considèrent de plus en plus comme des membres de la société dominante centrale, c'est le principe même de toute dynamique impériale. Ils doivent nous convaincre, par leur universalisme, par le verbe autant que par le comportement économique, que « nous sommes tous américains ». Mais loin d'être de plus en plus américains, nous sommes de plus en plus traités comme des sujets de deuxième catégorie — parce que le recul de l'universalisme est, malheureusement pour le monde, la tendance idéologique centrale de l'Amérique actuelle.

Caracalla

ⓐ Répétant le geste de Dioclétien qui avait accordé la citoyenneté romaine à tous les habitants de l'empire sans distinction d'origine ethnique ni de naissance. L'empire romain, par cet édit, devenait vraiment un empire "universel". C'était en 212.

CHAPITRE 5

Le recul de l'universalisme

L'une des forces essentielles des empires, principe à la fois de dynamisme et de stabilité, est l'universalisme, la capacité à traiter de façon égalitaire hommes et peuples. Une telle attitude permet l'extension continue du système de pouvoir, par l'intégration au noyau central des peuples et des individus conquis. La base ethnique initiale est dépassée. La taille du groupe humain qui s'identifie au système s'élargit sans cesse, parce que celui-ci autorise les dominés à se redéfinir comme dominants. Dans l'esprit des peuples soumis, la violence initiale du vainqueur se transforme en générosité.

Le succès de Rome, l'échec d'Athènes, on l'a vu, tinrent moins à des aptitudes militaires différentes qu'à l'ouverture progressive du droit de cité romaine et à la fermeture de plus en plus marquée du droit de cité athénienne. Le peuple athénien resta un groupe ethnique, défini par le sang : à partir de 451 av. J.-C. il fallut même avoir deux parents citoyens pour y appartenir. Le peuple romain, qui n'avait rien à lui envier originellement quant à la conscience ethnique, s'élargit en revanche sans cesse pour inclure, successivement, toute la population du Latium, celle de l'Italie, enfin celle de tout le bassin méditerranéen. En 212 apr. J.-C., l'édit de Caracalla accorda à tous les habitants libres de l'empire le *au contraire, dire "multiplier" ?*

droit de cité. Les provinces finirent par donner à Rome la majorité de ses empereurs.

D'autres exemples pourraient être cités, de systèmes universalistes capables de démultiplier leur potentiel militaire par un traitement égalitaire des peuples et des hommes : la Chine, qui rassemble encore aujourd'hui la plus grande masse d'hommes jamais réunie sous un seul pouvoir étatique ; le premier empire arabe, dont la croissance fulgurante s'explique autant par l'égalitarisme extrême de l'islam que par la force militaire des conquérants ou la décomposition des États romain et parthe. Dans la période moderne, l'empire soviétique, emporté par sa fragilité économique, s'appuyait sur une capacité de traitement égalitaire des peuples, qui semble bien à l'origine caractéristique du peuple russe plutôt que de la superstructure idéologique communiste. La France, qui fut, avant son déclin démographique relatif, un véritable empire à l'échelle de l'Europe, fonctionnait avec un code universaliste. Parmi les échecs impériaux récents, on peut mentionner celui du nazisme, dont l'ethnocentrisme radical interdisait qu'à la force initiale de l'Allemagne s'agrégeât la puissance supplémentaire des groupes conquis.

L'examen comparatif suggère que l'aptitude d'un peuple conquérant à traiter de façon égalitaire les groupes vaincus ne résulte pas de facteurs extérieurs mais se trouve logée dans une sorte de code anthropologique initial. C'est un a priori culturel. Les peuples dont la structure familiale est égalitaire, définissant les frères comme équivalents — les cas de Rome, de la Chine, du monde arabe, de la Russie et de la France du Bassin parisien —, tendent à percevoir les hommes et les peuples en général comme égaux. La prédisposition à l'intégration résulte de cet a priori égalitaire. Les peuples dont la structure familiale originelle ne comprend pas une définition strictement égalitaire des frères — cas d'Athènes et encore plus nettement de l'Allemagne — ne parviennent pas à développer une perception égalitaire des hommes et des peuples. Le contact militaire tend plutôt à renforcer une conscience de soi « ethnique » du conquérant. Il conduit à l'émergence d'une vision fragmentée plutôt qu'homogène de l'humanité, à une posture différentialiste plutôt qu'universaliste.

Les Anglo-Saxons sont difficiles à situer sur l'axe différentialisme/universalisme. Les Anglais sont clairement différentialistes, ayant réussi à préserver l'identité des Gallois et des Écossais dans les siècles des siècles. L'empire britannique, établi outre-mer grâce à une supériorité technologique écrasante, dura peu. Il ne tenta nullement d'intégrer les peuples soumis. Les Anglais firent du pouvoir indirect, l'*indirect rule*, qui ne remettait pas en question les coutumes locales, une spécialité. Leur décolonisation fut relativement indolore, un chef-d'œuvre de pragmatisme, parce qu'il n'avait jamais été question pour eux de transformer les Indiens, Africains ou Malais en Britanniques de format standard. Les Français, dont beaucoup avaient rêvé de faire des Vietnamiens et des Algériens des Français ordinaires, eurent plus de mal à accepter leur reflux impérial. Entraînés par leur universalisme latent, ils s'engagèrent dans une résistance impériale qui leur valut une succession de désastres militaires et politiques.

On ne doit cependant pas exagérer le différentialisme anglais. Compte tenu de la petite taille de l'Angleterre, l'immensité de la formation impériale britannique, même si elle fut éphémère, révéla une aptitude certaine à traiter les peuples conquis de façon relativement égalitaire et décente. Les chefs-d'œuvre de l'anthropologie sociale britannique que sont les études d'Evans-Pritchard sur les Nuer du Soudan ou de Meyer Fortes sur les Tallensi du Ghana, admirables par leur sensibilité autant que par leur rigueur, ont été réalisés à l'époque coloniale. Ces analyses combinent la traditionnelle aptitude anglaise à décrire les différences ethniques avec une perception aiguë de l'universel humain masqué par la diversité des structures. L'individualisme anglo-saxon laisse toujours la possibilité d'une saisie directe de l'individu, de l'homme en général plutôt que de l'homme façonné par la matrice anthropologique.

Le cas américain exprime de façon paroxystique l'ambivalence anglo-saxonne vis-à-vis des principes concurrents de l'universalisme et du différentialisme. Les États-Unis peuvent être décrits, d'une première façon, comme le résultat national et étatique d'un universalisme radical. Il s'agit, après tout, d'une société née de la fusion d'immigrés fournis par tous les peuples d'Europe. Le noyau anglais initial a révélé une capacité absolue à absorber des individus d'origines ethniques différentes. L'immigration, interrompue durant la deuxième moitié des années 20, a repris dans les années 60 mais en s'élargissant à l'Asie, à l'Amérique du centre et du Sud. La capacité à intégrer, à *élargir le centre* a permis le succès américain, ce qui existe de réussite impériale dans le destin des États-Unis. La masse démographique — 285 millions en 2001, 346 millions prévus en 2025 — témoigne à elle seule de cette aptitude.

Mais les États-Unis peuvent être aussi décrits dans les termes opposés d'un différentialisme radical. Dans leur histoire, il y a toujours un autre, différent, inassimilable, condamné à la destruction ou, plus souvent, à la ségrégation. L'Indien et le Noir ont joué, continuent de jouer dans le cas du Noir, et de l'Indien, sous la forme de l'Hispanique, le rôle de l'homme différent. Le système idéologique américain combine universalisme et différentialisme en une totalité : ces conceptions en apparence opposées fonctionnent en réalité de manière complémentaire. Au départ, il y a l'incertitude sur l'autre, qu'on ne peut définir a priori comme semblable ou différent. Certains étrangers seront perçus comme semblables, égaux, d'autres comme différents, inférieurs. Similitude et différence, égalité et infériorité naissent *ensemble* par polarisation. Le rejet des Indiens et des Noirs a permis de traiter les immigrés irlandais, allemands, juifs, italiens en égaux. La définition de ces immigrés comme égaux a permis en retour de bien situer les Indiens et les Noirs comme inférieurs.

L'incertitude anglo-saxonne sur le statut de l'autre n'est pas un fait de modernité : elle provient au contraire vraisemblablement d'une certaine primitivité anthropologique, de l'appartenance des Anglais à une strate historico-culturelle périphérique à l'Ancien Monde, peu ou mal intégrée aux empires qui s'y sont succédé, et ne maîtrisant pas bien les principes d'égalité et d'inégalité. Cette primitivité ne concerne que le champ familial ; elle n'a nullement empêché l'Angleterre et les États-Unis de se manifester dans la phase la plus récente de l'histoire comme des pionniers de la modernité économique.

La culture anglaise se caractérise donc par une certaine indéfinition des valeurs d'égalité et d'inégalité, si claires en général en Eurasie[1]. Si nous revenons au modèle anthropologique associant structure anthropologique et perception idéologique a priori, nous pouvons effectivement identifier dans la famille anglaise traditionnelle une indéfinition correspondant à celle de la sphère idéologique : les frères sont *différents*, ni égaux ni inégaux. Aux règles d'héritage inéga-

---

1. J'aurai l'occasion de développer ce point dans un ouvrage à venir sur *L'origine des systèmes familiaux* qui démontrera le caractère relativement archaïque, en un sens anthropologique, de la forme familiale anglo-saxonne. Cet archaïsme anthropologique ne dit absolument rien des potentialités de développement, culturel ou économique, des régions caractérisées par ce type familial. J'aurai également l'occasion de démontrer que certaines formes familiales hautement évoluées en un sens anthropologique — arabe, chinoise — freinent le développement. Bref que l'évolution de la famille peut bloquer le développement éducatif et économique.

litaires des Allemands ou des Japonais, égalitaires des Français, des Russes, des Arabes ou des Chinois, répond la liberté de tester des parents anglais, qui peuvent répartir comme ils l'entendent leurs biens entre leurs enfants. Cette liberté n'entraîne pas en général, hors de l'aristocratie anglaise, de grandes inégalités comme l'exclusion de tous les enfants au profit d'un seul.

✓ La tension entre différentialisme et universalisme rend le rapport des Anglo-Saxons à l'autre, à l'étranger, tout à fait intéressant et spécifique : instable.

Les peuples universalistes définissent a priori, une fois pour toutes, les peuples extérieurs comme semblables à eux-mêmes, attitude qui peut les conduire à s'impatienter lorsque les étrangers concrets ne vérifient pas au premier coup d'œil leur a priori idéologique. Le potentiel xénophobe des peuples universalistes est évident : énervement des Français devant l'enfermement des femmes arabes, mépris des Chinois classiques ou des Romains pour les peuples périphériques qui n'oppriment pas leurs femmes, sans oublier la négrophobie des Russes, peu habitués à la couleur noire, etc. Mais jamais le système anthropologique adverse n'est théorisé et condamné. Les peuples franchement différentialistes, au moins dans leurs périodes conquérantes — Allemands jusqu'au nazisme, Japonais de l'époque militariste —, hiérarchisent de façon stable les peuples de la terre, en supérieurs et en inférieurs.

Le rapport au monde des Anglo-Saxons est mouvant. Ils ont dans la tête une frontière anthropologique, qui fait défaut aux peuples universalistes et les rapproche des peuples différentialistes, mais cette frontière peut se déplacer. Dans le sens de l'extension ou du rétrécissement. Il y a nous et les autres, mais parmi les autres certains sont comme nous et d'autres différents. Parmi les différents, certains peuvent être reclassés comme semblables. Parmi

a) Sur ce sujet de l'identité américaine depuis les
origines, voir le livre de Lindh, The West American
Le recul de l'universalisme   127   Nation.

les semblables, certains peuvent être reclassés comme différents. Mais, toujours, il y a une limite séparant l'humain complet de l'autre, « *there is some place where you must draw the line* ». L'espace mental des Anglais peut être réduit au minimum, à eux-mêmes, mais il peut s'étendre à tous les Britanniques, et il est certainement aujourd'hui en cours d'extension à l'ensemble des Européens.

L'histoire des États-Unis peut être lue comme un essai sur ce thème d'une fluctuation de la limite, avec un élargissement continu du groupe central de l'indépendance à 1965, suivi d'un rétrécissement tendanciel de 1965 à nos jours.

Anglais au départ, les Américains ont appris à intégrer (a) tous les Européens, après des hésitations notables sur le statut d'égaux des Irlandais, des Italiens et des Juifs. La catégorie « blanc » a permis de formaliser cet élargissement partiel, rejetant les Indiens, les Noirs et les Asiatiques au-delà de la barrière mentale qui sépare le semblable du différent. Entre 1950 et 1965, nouvelle expansion : les Asiatiques et les Indiens autochtones sont redéfinis comme Américains pleins et entiers, phénomène qui peut être mesuré par leur entrée sur le marché matrimonial américain général. Leurs femmes en particulier ne sont plus taboues pour les mâles du groupe dominant qui peuvent désormais les épouser. Entre 1950 et 1965, le problème noir, cependant, fait apparaître une tension maximale entre universalisme et différentialisme : au niveau conscient du politique, la lutte pour les droits civiques essaye de les inclure dans l'espace central ; au niveau inconscient des croyances profondes, la situation ne change guère et la ségrégation matrimoniale des femmes noires ne diminue que de façon infinitésimale.

La tendance à l'expansion peut être expliquée, de manière optimiste, par l'hypothèse d'une raison humaine finalement apte à reconnaître, avec le temps, la similitude d'autrui. Une telle interprétation suggère l'existence d'une dynamique égalitaire autonome, une supériorité intrinsèque du principe d'égalité sur le principe d'inégalité. Mais si l'on veut pleinement comprendre la montée en puissance ultime, et malheureusement temporaire, de l'universalisme, dans l'Amérique des années 1950-1965, la plus authentiquement impériale, on ne peut faire l'économie d'un facteur explicatif secondaire : la concurrence de l'empire soviétique. L'époque de la guerre froide a été celle de l'universalisme américain maximal.

La Russie a inventé et tenté d'imposer au monde le communisme, certainement l'idéologie la plus universaliste depuis la Révolution française. Cette dernière offrait le principe de liberté à tous les hommes. Non moins égalitaire, la révolution russe a proposé à la planète le goulag pour tous. Quels qu'aient été ses défauts, on ne peut reprocher au communisme de ne pas avoir traité de façon égalitaire les peuples soumis. L'examen du fonctionnement concret de l'empire soviétique montre que la violence et l'exploitation d'État pesaient beaucoup plus durement sur le centre russe que sur les peuples annexés, les démocraties populaires est-européennes jouissant d'un maximum de « liberté ».

L'universalisme russe est clair et net. Il a une forte capacité de séduction, que l'on a pu voir en action lors de l'établissement de l'Internationale communiste. Comme les révolutionnaires français, les bolcheviques semblaient avoir une aptitude naturelle à considérer tous les hommes et tous les peuples de la même manière, attitude non seulement sympathique mais aussi favorable à l'expansion politique.

Pendant la guerre froide, l'Amérique a dû faire face à ce potentiel menaçant. À l'intérieur comme à l'extérieur. L'universalisme s'est exprimé, à l'extérieur, par l'élargissement aux pays développés alliés d'une économie libérale homogène et par l'encouragement à la décolonisation dans l'ensemble de la sphère occidentale. À l'intérieur de la société américaine, la concurrence de l'universalisme communiste a rendu la lutte contre la ségrégation des Noirs nécessaire. Le monde, sommé de choisir entre deux modèles, ne pouvait opter pour une Amérique traitant certains de ses ressortissants comme des sous-hommes. L'assimilation des Japonais et des Juifs est une réussite indéniable. Dans le cas des Noirs, l'intégration au système politique ne s'est pas accompagnée d'une émancipation économique et d'une dispersion dans la société américaine générale. Une classe moyenne noire s'est développée mais elle a ses propres ghettos, s'ajoutant à ceux, largement majoritaires, des Noirs pauvres.

La période la plus récente, correspondant à l'effondrement du rival communiste, voit le recul de l'universalisme américain. Tout se passe comme si la pression de l'empire concurrent avait mené les États-Unis au-delà de ce dont ils sont réellement capables dans la dimension de l'universalisme. La disparition de cette pression permet au système mental américain de retrouver son équilibre naturel, et donc de réduire le périmètre d'inclusion des peuples à « son » universel.

Le recul de l'universalisme interne :
les révélateurs noir et hispanique

Le caractère « multiracial » de la société et de la statistique américaine nous permet de suivre « en interne » l'affaiblissement de l'universalisme américain, de saisir par l'analyse démographique l'échec de l'intégration des Noirs et l'émergence possible d'un troisième groupe séparé, les « Hispaniques », en fait les Latino-Américains d'origine indienne, mexicains dans leur écrasante majorité.

La statistique américaine suggère cependant en première approche une légère augmentation du nombre des mariages mixtes pour les Noirs américains de sexe masculin au tournant du millénaire : de 2,3 % chez les plus de 55 ans à 11 % chez les 15-24 ans. Mais l'augmentation pour les femmes noires est insignifiante, ce qui suggère une persistance du tabou racial fondamental : les femmes du groupe dominé ne doivent pas être épousées par les hommes du groupe dominant. Le mariage interracial noir/blanc est légèrement plus fréquent dans les catégories ayant reçu une éducation supérieure. Pour les Asiatiques, l'augmentation est en revanche très importante, menant de 8,7 à 30,1 % de mariages mixtes pour les mêmes groupes d'âge. Les jeunes Juifs américains atteignent quant à eux un taux de mariage mixte de 50 %, l'entrée sur le marché matrimonial général, c'est-à-dire la dispersion du groupe, s'accompagnant d'une bruyante montée en puissance de la solidarité active avec l'État d'Israël.

Les statistiques les plus récentes révèlent cependant que la légère augmentation du nombre des mariages mixtes observée pour les Noirs entre 1980 et 1995 a cessé par la suite. L'annuaire statistique des États-Unis permet de suivre le dégel des années 1980-1995, minimal, et le blocage de la situation raciale les années suivantes. Le taux de mariage mixte était pour les femmes de 1,3 % en 1980, de 1,6 % en 1990. Il est monté à 3,1 % en 1995, pour stagner à 3 % en 1998. Mais c'était sans doute déjà trop pour les statisticiens américains qui ont senti d'instinct que cette augmentation, quoique insignifiante, était déjà impossible : « *enough is too much already* ». Pour l'année 1999, ils ont judicieusement exclu les *Hispaniques* blancs et noirs de la statistique, choix catégoriel qui a fait retomber le taux de mariage mixte des femmes noires à 2,3 %[1]. Fausse alerte, une minorité porteuse de l'universalisme espagnol réalisait

---

1. *Statistical Abstract of the United States : 2000*, p. 51, tableau 54.

une proportion énorme des mariages mixtes, les Portoricains sans doute. Actuellement, près de 98 % des femmes noires, lorsqu'elles sont en couple, vivent avec un Noir. Si l'on ajoute à cette endogamie raciale presque absolue le fait qu'une bonne moitié des femmes noires sont mères célibataires, et ne sont par conséquent certainement pas mariées avec un Blanc, nous aboutissons au constat d'une permanence remarquable du problème racial. Il serait plus exact de parler de pourrissement car d'autres données démographiques indiquent une régression.

Le taux de mortalité infantile, proportion des enfants décédant avant l'âge de un an, est traditionnellement beaucoup plus élevé pour les Noirs que pour les Blancs aux États-Unis : en 1997, 6 pour mille chez les Blancs et 14,2 chez les Noirs. La performance est en fait médiocre pour les Américains blancs eux-mêmes puisque leur taux est supérieur à ceux du Japon et de tous les pays d'Europe de l'Ouest. Mais du moins baisse-t-il. En 1999, il était tombé à 5,8 pour mille. Celui des Noirs, en revanche, *fait extraordinaire*, est remonté entre 1997 et 1999, de 14,2 à 14,6[1]. Le lecteur n'est peut-être pas habitué à une interprétation sociologique des indicateurs démographiques et peut considérer avec un certain bon sens que cette augmentation est faible. Il peut croire que la mortalité infantile n'a pas de signification générale pour la société. Le taux de mortalité infantile est en fait un indicateur crucial parce qu'il révèle la situation réelle des individus les plus fragiles dans une société ou un secteur particulier d'une société. La légère augmentation de la mortalité infantile russe entre 1970 et 1974 m'avait fait comprendre dès 1976 le pourrissement de l'Union soviétique et permit de prédire l'effondrement du système[2].

---

1. *National Vital Statistics Reports*, vol. 49, n° 8, septembre 2001.
2. E. Todd, *La chute finale, op. cit.*

✓ La légère augmentation de la mortalité infantile des Noirs aux États-Unis signe l'échec de l'intégration raciale, au terme d'un demi-siècle d'efforts.

Le système mental américain n'est cependant pas biracial en ce début de troisième millénaire, mais triracial, dans la mesure où les statistiques et la vie sociale ont constitué les Hispaniques, en réalité les Mexicains d'origine indienne, en un troisième groupe spécifique, fondamental par la taille[1]. La société américaine a retrouvé la structure ternaire qu'elle avait au moment de l'indépendance ou lorsque Tocqueville l'analysa au début du xixᵉ siècle : Indiens, Noirs, Blancs.

Le destin de la communauté mexicaine reste une inconnue pour les sociologues. Certains indicateurs comme l'excellente acquisition de la langue anglaise par les enfants mettent en avant la poursuite du processus d'assimilation, au contraire de ce que suggère la passion des débats sur l'hispanophonie. Mais on peut noter, succédant à une phase de hausse, *une baisse du taux de mariage mixte dans les générations les plus jeunes* : 12,6 % chez les plus de 55 ans, 19 % chez les 35-54 ans, mais 17,2 % seulement chez les 25-34 ans et 15,5 % chez les 15-24 ans[2]. Cette baisse ne révèle pas forcément un changement d'attitude des populations concernées, mais pourrait résulter mécaniquement de l'émergence d'une population majoritairement mexicaine dans les districts texans et californiens les plus proches de la frontière. Reste que même cet effet purement territorial évoquerait quand même une séparation des groupes blancs et, disons, hispano-indiens. Les indices de fécondité des divers groupes

---

1. Il y a en fait cinq groupes dans la statistique américaine qui isole, à côté des *Blancs*, des *Noirs* et des *Hispaniques*, les *Asiatiques* et les *Indiens*. Au stade actuel, les Indiens, peu nombreux et intégrés par le mariage mixte, tout comme les Asiatiques, intégrés par le mariage, doivent être considérés comme des « résidus » ou des « leurres » idéologiques.
2. *American Demographics*, novembre 1999.

en 1999 sont tout à fait révélateurs d'un clivage mental persistant : 1,82 pour les Blancs non hispaniques (folle catégorie linguistico-raciale), 2,06 pour les Noirs non hispaniques, 2,9 pour les « Hispaniques »[1]. En 2001, l'indicateur de fécondité du Mexique était de 2,8.

Est-il vraiment étonnant d'observer, au sein d'une société qui a remplacé la glorification de l'égalité des droits par la sacralisation de la « diversité » — des origines, des cultures, des races — baptisée « multiculturalisme », un échec de l'intégration? La rétraction de la valeur d'égalité dans la société américaine n'est nullement caractéristique du seul champ des relations raciales. L'évolution économique des années 1980-1995 peut être décrite, on l'a vu, comme une marche forcée vers l'inégalité, menant dans certains secteurs à bas revenu — largement noirs, comme par hasard — vers des phénomènes de régression et d'implosion.

Une fois de plus, cependant, on doit éviter de sombrer dans la caricature et s'efforcer de saisir dans sa totalité le mécanisme du système mental anglo-saxon, qui a besoin de la ségrégation des uns, les Noirs certainement, les Mexicains peut-être, pour assimiler les autres, les Japonais ou les Juifs. On peut parler d'une assimilation différentialiste plutôt qu'universaliste.

L'intégration des Juifs au cœur de la société américaine, dans le contexte d'un recul de l'universalisme interne, présente une importance particulière pour qui s'intéresse aux choix stratégiques de l'Amérique. Car elle entre en résonance avec le recul de l'universalisme externe, si évident dans le rapport de l'Amérique au monde, si manifeste dans la gestion du conflit proche-oriental. L'inclusion d'Israël dans le système mental américain se fait en externe autant qu'en interne, l'exclusion des Arabes répond à celles des Noirs ou des Mexicains.

1. http://www.census.gov/population/projections/nations/summary

Aux États-Unis, la fixation idéologique sur l'État hébreu ne se limite pas à la communauté juive. L'hypothèse d'un recul général de l'universalisme américain permet de comprendre cette fixation. Mais nous devons examiner l'histoire qui se dévoile avec modestie : la solidité du lien entre l'Amérique et Israël est un fait nouveau, inédit. Il ne s'agit donc pas tant ici de l'« expliquer » que de l'utiliser comme « révélateur » des tendances de fond qui travaillent les États-Unis. Le choix d'Israël est la manifestation la plus visible du recul de l'universalisme américain, d'une montée en puissance du différentialisme qui s'exprime autant sur le plan extérieur, par le rejet des Arabes, que sur le plan intérieur, par les difficultés d'intégration des Mexicains ou par la persistante ségrégation des Noirs.

Le recul de l'universalisme externe : le choix d'Israël

La fidélité de l'Amérique à Israël constitue un véritable mystère pour les spécialistes de l'analyse stratégique. La lecture des classiques récents n'apporte aucun éclairage. Kissinger traite la question israélo-palestinienne en détail, mais avec l'exaspération d'un adepte du « réalisme » qui doit composer avec des peuples irrationnels luttant pour la possession d'une terre promise. Huntington place Israël à l'extérieur de la sphère de la civilisation occidentale qu'il veut constituer en bloc stratégique[1]. Brzezinski ne parle pas d'Israël. Fukuyama non plus. C'est très curieux si l'on considère l'importance du lien à Israël dans l'établissement

---

1. Avec un opportunisme caractéristique, *Commentary*, revue néoconservatrice publiée par l'American Jewish Committee, n'a pas relevé, dans l'analyse qu'elle a proposée du livre, cette exclusion d'Israël, placé hors de la sphère occidentale (mars 1997).

d'une relation antagoniste généralisée des États-Unis au monde arabe ou, plus largement, musulman. La rationalité et l'utilité de ce lien sont difficiles à démontrer. L'hypothèse d'une coopération nécessaire entre démocraties ne tient pas. L'injustice commise à l'encontre des Palestiniens, jour après jour, par la colonisation israélienne de ce qui leur reste de terres, est en elle-même une négation du principe d'égalité, fondement de la démocratie. Les autres nations démocratiques, européennes notamment, n'éprouvent d'ailleurs pas pour Israël la sympathie sans nuances qui caractérise les États-Unis.

L'utilité militaire de Tsahal serait presque un argument plus sérieux. La faiblesse de l'armée de terre américaine, si lente, et de plus incapable d'accepter des pertes, implique de plus en plus l'utilisation systématique de contingents alliés, ou même mercenaires, pour les opérations au sol. Obsédés par le contrôle de la rente pétrolière, les dirigeants américains n'osent peut-être pas se passer de l'appui local de la première armée du Moyen-Orient, celle d'Israël, pays dont la petite taille, la forme et le surarmement évoquent de plus en plus l'image d'un porte-avions fixe. Du point de vue du réaliste stratégique américain, militaire ou civil, pouvoir compter sur une force militaire capable d'éliminer n'importe quelle armée arabe en quelques jours ou semaines serait plus important que l'affection ou la considération du monde musulman. Si tel est le calcul cependant, pourquoi les stratèges « réalistes » n'en parlent-il pas ? Et peut-on sérieusement envisager une armée israélienne contrôlant les puits de pétroles d'Arabie saoudite, du Koweït et des Émirats, elle qui n'a pas été capable de tenir sans pertes importantes le Sud Liban autrefois et la Cisjordanie aujourd'hui ?

Les interprétations qui insistent sur le rôle de la communauté juive américaine et sa capacité à influer sur le processus électoral contiennent une petite part de vérité. C'est la théorie du « lobby juif ». Que l'on pourrait d'ailleurs compléter par une théorie du non-lobby arabe. En l'absence d'une communauté arabe suffisamment importante pour faire contrepoids, le coût politique du soutien à Israël peut apparaître comme nul à n'importe quel politicien en mal de réélection. Pourquoi perdre les voix d'électeurs juifs s'il n'y a pas autant de voix arabes à gagner ? Mais n'exagérons pas la masse de la communauté juive, qui, avec 6,5 millions d'individus, ne constitue que 2,2 % de la population des États-Unis. L'Amérique, de plus, n'est pas dépourvue de traditions antisémites, et l'on pourrait imaginer que de nombreux électeurs, parmi les 97,8 % d'Américains non juifs, sanctionnent les politiciens favorables à Israël. Mais les antisémites ne sont plus désormais anti-israéliens. Nous approchons du cœur du mystère.

Les groupes considérés par les Juifs américains eux-mêmes comme antisémites, les fondamentalistes chrétiens, sont politiquement alignés sur la droite républicaine[1]. Or l'appui à Israël est maximal dans l'électorat républicain, et la droite religieuse américaine, qui soutient Bush, vient de se découvrir une passion pour l'État d'Israël, contrepartie positive de sa haine de l'islam et du monde arabe. Si l'on ajoute que, de leur côté, les trois quarts des Juifs américains continuent d'être orientés au centre gauche, votent pour le parti démocrate et craignent les fondamentalistes chrétiens, nous aboutissons à un paradoxe crucial : il existe une relation antagoniste implicite entre les Juifs américains et la fraction de l'électorat américain qui soutient le plus Israël.

On ne peut donc comprendre l'appui de plus en plus déterminé à l'Israël d'Ariel Sharon sans faire l'hypothèse qu'il existe deux types de soutien, de natures différentes,

---

1. The American Jewish Committee, *2001 Annual Survey of American Jewish Opinion*, http://www.ajc.org

dont la combinaison et les motivations contradictoires expliquent simultanément la continuité et les incohérences de la politique américaine vis-à-vis d'Israël.

Il y a, d'une part, l'appui traditionnel des Juifs américains. Il conduit, lorsque le parti démocrate est au pouvoir, à des tentatives pour protéger Israël tout en respectant, dans la mesure du possible, les droits des Palestiniens. L'action de Clinton pour obtenir un accord de paix à Camp David correspondait à ce type de motivation.

Un autre soutien à Israël, plus neuf et original, est celui de la droite républicaine qui projette sur le domaine proche-oriental la préférence pour l'inégalité qui caractérise l'Amérique actuelle. Car il peut exister une préférence pour l'inégalité et pour l'injustice.

Les idéologies universalistes proclament l'équivalence des peuples. Cette attitude « juste » nous fait croire que le principe d'égalité est nécessaire à la constitution d'alliance entre les peuples. On peut cependant s'identifier à autrui indépendamment de la notion d'égalité. Durant la guerre du Péloponnèse, Athènes, championne des démocraties, soutenait certes chaque fois qu'elle le pouvait les démocrates de l'espace grec. Mais Sparte, championne des oligarchies, mettait en place des régimes oligarchiques chaque fois qu'elle prenait le contrôle d'une cité[1]. À la fin du XVIIIe siècle, les divers régimes monarchiques de l'Europe avaient sans grande difficulté réussi à se coaliser contre le principe d'égalité porté par la Révolution française. L'exemple le plus spectaculaire d'une identification à distance entre deux régimes non seulement hostiles au principe d'égalité, mais attachés à l'idée de hiérarchie des peuples est quand même celui de l'Allemagne et du Japon durant la Seconde Guerre mondiale. Après Pearl Harbor,

---

1. Aristote, *Politique*, livre V, 7, (14), Les Belles Lettres, 1989.

Hitler déclara la guerre aux États-Unis par solidarité avec le Japon. Il peut ainsi exister, dans les relations internationales comme dans les relations interpersonnelles, une préférence pour le mal ou, plus modestement, pour l'injustice, si l'on est mauvais ou injuste soi-même. Le principe fondamental de l'identification à autrui n'est pas la reconnaissance du bien mais la reconnaissance de soi en l'autre.

On pourrait même soutenir que le sentiment de tourner mal soi-même intensifie le besoin de se trouver des doubles justificateurs. C'est en ces termes, je crois, qu'il faut identifier l'attachement nouveau et renforcé de l'Amérique à Israël. Parce que Israël tourne mal, au moment où elle-même tourne mal, l'Amérique approuve son comportement de plus en plus féroce vis-à-vis des Palestiniens. L'Amérique dérive vers une croyance renforcée en l'inégalité des hommes, elle croit de moins en moins en l'unité du genre humain. Nous pouvons appliquer toutes ces constatations, sans modification, à l'État d'Israël, dont la politique à l'égard des Arabes s'accompagne d'une fragmentation interne, par l'inégalité économique et les croyances religieuses. L'incapacité de plus en plus grande des Israéliens à percevoir les Arabes comme des êtres humains en général est une évidence pour les gens qui suivent les informations écrites ou télévisées. Mais on est moins conscient du processus de fragmentation interne de la société israélienne, entraînée, comme la société américaine, dans une fièvre inégalitaire[1]. Les écarts de revenus y sont désormais parmi les plus importants du monde développé et « démocratique ». Les groupes divers — laïcs, ashkénazes, séfarades, ultraorthodoxes — se séparent, phénomène qui peut être mesuré par des écarts de fécondité entre groupes allant de moins de 2 enfants par femme pour les laïcs à 7 pour les ultraorthodoxes.

---

1. Voir le remarquable article d'Ilan Greilsammer dans *Le Débat*, 118, janvier-février 2002, p. 117-131.

Au départ de la relation entre Israël et les États-Unis, il y avait l'appartenance à la sphère commune des démocraties libérales. Il y avait aussi le lien concret constitué par la présence en Amérique de la plus importante des communautés juives de la diaspora, sans oublier le lien biblique entre calvinisme et judaïsme. Lorsqu'un protestant lisait la Bible dans un esprit un peu littéral il s'identifiait au peuple d'Israël. Dans le cas précis des puritains américains du xviiᵉ siècle, immigrés dans une nouvelle terre promise, l'horreur a priori des peuples idolâtres — le différentialisme biblique — pouvait se fixer sur les Indiens ou les Noirs.

La fixation globale et récente des États-Unis sur Israël n'a vraisemblablement plus grand-chose à voir avec cette parenté religieuse originelle, avec l'amour de la Bible, avec une identification positive et optimiste au peuple élu d'Israël. Je suis convaincu que si la France, républicaine ou catholique, était toujours engagée dans la guerre d'Algérie, réprimant, enfermant, tuant des Arabes comme l'État d'Israël le fait en Palestine, l'Amérique actuelle — différentialiste, inégalitaire, travaillée par la mauvaise conscience — s'identifierait à une France coloniale déchue de son universalisme. Rien n'est plus rassurant, quand on abandonne le camp de la justice, que d'en observer d'autres faisant le mal. Ce qu'Israël a d'injuste ces jours-ci ne choque pas la puissance dominante de l'Occident[1].

Le plus important pour une analyse stratégique planétaire est de bien percevoir la logique profonde du comportement américain : l'incapacité des États-Unis à percevoir

---

1. Au moment même où j'écris ces lignes je tombe — mais est-ce bien un hasard ? — sur l'analyse par *Libération* d'une interview accordée par Jean-Marie Le Pen au journal libéral israélien *Haaretz*. Le leader de l'extrême droite française y exprime sa compréhension pour la lutte antiterroriste et antiarabe menée par Tsahal, semblable selon lui à celle menée par l'armée française en Algérie quatre décennies plus tôt (*Libération*, 22 avril 2002).

les Arabes comme des êtres humains en général s'inscrit dans une dynamique de reflux de l'universalisme endogène à la société américaine.

L'inquiétude des Juifs américains

Ce modèle permet de mieux comprendre la fébrilité de la communauté juive américaine, dont on s'attendrait à ce qu'elle soit simplement heureuse de son intégration réussie, émerveillée du comportement loyal de l'Amérique envers Israël. En fait, au contraire, cette communauté privilégiée vient de sombrer dans le culte inquiétant, pour ne pas dire névrotique, de l'Holocauste[1]. Elle n'en finit pas de commémorer le massacre auquel elle a échappé. Elle dénonce sans cesse l'antisémitisme montant de la planète et éprouve pour tous les groupes de la diaspora, français notamment, des craintes que ceux-ci n'éprouvent nullement au même degré, malgré les attaques de synagogues du printemps 2002 dans les banlieues de l'Hexagone. Les Juifs français d'origine ashkénaze, pour lesquels l'Holocauste a été une réalité familiale autrement plus concrète que pour les Juifs américains, semblent en vérité beaucoup plus tranquilles, beaucoup plus confiants en l'avenir, même si on les dénonce inlassablement, outre-Atlantique, comme des renégats sans conscience communautaire et comme les victimes futures d'une éternelle judéophobie française. La frayeur persistante des Juifs américains, au pays du prétendu « toutpuissant lobby juif », a quelque chose de paradoxal[2]. L'hypo-

---

1. Voir Peter Novick, *L'Holocauste dans la vie américaine*, Gallimard, 2001.
2. Voir par exemple l'étonnante couverture de l'hebdomadaire conservateur, le *Weekly Standard*, au lendemain du premier tour de l'élection présidentielle française, qui présentait, sur fond tricolore, la devise « Liberté, égalité, judéophobie » (6 mai 2002).

thèse d'un reflux de l'universalisme américain permet de comprendre la persistance, outre-Atlantique, d'une véritable anxiété juive.

Résumons le modèle explicatif. La mentalité anglo- saxonne a deux caractéristiques pour ce qui concerne le rapport à l'autre : elle a besoin d'exclure pour inclure ; la limite entre inclus et exclus n'est pas stable. Il y a des phases d'élargissement et des phases de rétrécissement. L'inclusion des Juifs américains correspond à l'exclusion des Noirs et peut-être des Mexicains. Elle intervient dans une phase de recul de l'universalisme, de montée en puissance du différentialisme — dans les termes américains usuels, de réaffirmation du sentiment racial. Le moteur de l'évolution américaine n'est pas aujourd'hui la valeur d'égalité mais celle d'inégalité. Comment vivre dans la bonne conscience et avec un sentiment de sécurité un processus d'intégration aussi paradoxal ? Comment ne pas ressentir une telle inclusion comme fragile, menacée, remplie de dangers virtuels ? Les Juifs américains projettent sur le monde extérieur une peur qui est en eux, parce qu'ils sentent confusément qu'ils sont beaucoup plus les jouets d'une dynamique différentialiste régressive de la société américaine que les bénéficiaires d'une générosité conquérante de type universaliste.

Cette opinion n'est pas seulement l'effet d'une réflexion théorique. J'ai été éclairé pour la première fois sur ce sujet, au début des années 80, par une conversation avec l'un de mes grands-pères, américain d'origine juive autrichienne. Lors d'une visite à Disneyland, celui-ci m'avait exprimé, sur fond de Mickeys dansants, son anxiété persistante : la passion raciale de la société américaine lui rappelait désagréablement la Vienne de son adolescence. Jamais je n'ai observé, dans la partie juive française de ma famille, ce genre d'inquiétude.

Un empire ne peut être différentialiste

La rhétorique américaine de l'« empire du mal », de l'« axe du mal » ou de toute autre manifestation diabolique sur terre nous fait sourire ou hurler — selon le moment et le tempérament de chacun — par son évidente ineptie. Elle doit pourtant être prise au sérieux, mais décodée. Elle exprime *objectivement* une obsession américaine du mal, dénoncé à l'extérieur, mais qui vient en réalité de l'intérieur des États-Unis. La menace du mal y est en effet partout : renonciation à l'égalité, montée d'une ploutocratie irresponsable, vie à crédit des consommateurs et du pays, application de plus en plus fréquente de la peine de mort, retour de l'obsession raciale. Sans oublier l'affaire inquiétante des attaques à l'anthrax, vraisemblablement menée par des membres déments et incontrôlés des services secrets. Dieu ne bénit décidément pas l'Amérique ces jours-ci. Elle dénonce partout le mal, mais parce qu'elle tourne mal. Cette régression peut nous fait prendre conscience de ce que nous sommes en train de perdre : l'Amérique des années 1950-1965, pays de la démocratie de masse, de la liberté d'expression, de l'élargissement des droits sociaux, de la lutte pour les droits civiques, était l'empire du bien.

Ce que l'on appelle l'unilatéralisme américain, expression éclatante en politique internationale du différentialisme, ne doit cependant pas être considéré dans le cadre de cet essai sous un angle essentiellement moral. Ses causes et ses conséquences pratiques doivent être envisagées. La cause fondamentale est, ainsi qu'on vient de le voir, la régression du sentiment égalitaire et universaliste aux États-Unis mêmes. La conséquence fondamentale est la perte pour les États-Unis d'une ressource idéologique indispensable aux empires. Privée d'une perception homo-

gène de l'humanité et des peuples, l'Amérique ne peut
régner sur un monde trop vaste et divers. Le sentiment de la
justice est une arme qu'elle ne possède plus. L'immédiat
après-guerre — les années 1950-1965 — a donc représenté
une sorte d'apogée de l'universalisme dans l'histoire américaine. Comme l'universalisme impérial romain, celui de
l'Amérique triomphante fut alors modeste et généreux.

Les Romains avaient su reconnaître la supériorité philo-
sophique, mathématique, littéraire et artistique de la Grèce ;
l'aristocratie romaine s'hellénisa, le vainqueur militaire
s'assimilant sur de nombreux points à la culture supérieure
du pays conquis. Rome finit d'ailleurs par se soumettre à
plusieurs, puis à une seule des religions de l'Orient. Les
États-Unis, durant leur époque authentiquement impériale,
étaient curieux et respectueux du monde extérieur. Ils
observaient et analysaient avec sympathie la diversité des
sociétés du monde, par la politologie, l'anthropologie, la lit-
térature et le cinéma. L'universalisme vrai garde le meilleur
de tous les mondes. La force du vainqueur permet la fusion
des cultures. Cette époque qui combinait, aux États-Unis,
puissance économique et militaire, tolérance intellectuelle
et culturelle, paraît bien lointaine. L'Amérique affaiblie et
improductive de l'an 2000 n'est plus tolérante. Elle prétend
incarner un idéal humain exclusif, posséder la clef de toute
réussite économique, produire le seul cinéma concevable.
Cette prétention récente à l'hégémonie sociale et culturelle,
ce processus d'expansion narcissique n'est qu'un signe
parmi d'autres du dramatique déclin de la puissance économique et militaire réelle, ainsi que de l'universalisme
de l'Amérique. Incapable de dominer le monde, elle nie son
existence autonome et la diversité de ses sociétés.

CHAPITRE 6

Affronter le fort, ou attaquer le faible ?

Le mouvement de la société et de l'économie américaines vers l'inégalité et surtout l'inefficacité a fini par renverser le rapport des États-Unis au monde. Hyperpuissance autonome en 1945, l'Amérique est devenue pour l'économie mondiale, un demi-siècle plus tard, une sorte de trou noir, absorbant marchandises et capitaux mais incapable de fournir en retour des biens équivalents. Pour assurer sa prise sur ce monde qui la nourrit, elle doit redéfinir un rôle autre que celui de consommateur keynésien de dernière instance. Ce n'est pas facile. Sa redéfinition comme puissance hégémonique ne peut être que politique et militaire : elle doit s'imposer en tant qu'État de la planète entière, acquérir un monopole mondial de la violence légitime. L'Amérique, cependant, ne dispose pas des ressources indispensables à une telle reconversion, qu'il s'agisse de *hard power* ou de *soft power* pour employer les concepts chers à Joseph Nye.

Le libre-échange, on l'a vu, induit à l'échelle planétaire des difficultés de croissance et il est désormais un frein à la prospérité du monde. À court terme, il fait vivre l'Amérique selon un mécanisme franchement baroque : la déficience de la demande qu'il engendre donne aux États-Unis le rôle de « consommateur indispensable », tandis que la montée des inégalités, autre conséquence du système, permet le gonflement des profits qui alimentent ces mêmes États-Unis en argent frais, nécessaire au financement de la consommation.

La position de régulateur central de l'Amérique est fragile parce que la perception du tribut impérial ne se fait pas, on l'a vu, de manière autoritaire, mais selon un mécanisme « libéral », volontaire, subtil et instable, terriblement dépendant de la bonne volonté des classes dirigeantes de la périphérie dominée, européennes et japonaises particulièrement. On peut reprocher à Wall Street et aux banques américaines d'innombrables escroqueries, on ne peut les accuser de forcer leurs usagers et clients à y gaspiller leur argent.

Le régime capitaliste de variété dérégulée, dont les États-Unis sont le champion, apparaît de moins en moins légitime, au point que le numéro de janvier-février 2002 de la revue *Foreign Affairs* s'ouvrait sur la menace stratégique constituée par la contestation de la globalisation.

L'insuffisance du pouvoir de contrainte militaire américain complique le problème économique. Indiscutablement efficaces sur le plan aéronaval, les forces armées ne peuvent cependant contrôler directement l'espace géographique dans lequel sont produites les marchandises ou extraites les masses financières nécessaires aux États-Unis. De plus, et peut-être surtout, la puissance aérienne qui, en théorie, pourrait suffire à exercer un pouvoir absolu, par la menace de bombardements, dépend encore et toujours du bon vouloir de l'unique puissance qui soit capable de neutraliser, partiellement ou totalement, l'aviation américaine par sa technologie de lutte antiaérienne : la Russie. Tant que celle-ci existera, l'Amérique ne disposera pas du pouvoir total qui lui assurerait une sécurité économique de longue durée, dans sa nouvelle situation de dépendance au monde.

Dépendance économique, insuffisance militaire. Un troisième élément clef doit être ajouté à ce tableau des déficiences américaines : le recul du sentiment universaliste qui interdit aux États-Unis une perception, égalitaire, juste et responsable de la planète. L'universalisme est une ressource fondamentale pour n'importe quel État, que celui-ci cherche à dominer et réguler une nation ou un espace plus vaste, pluriethnique et impérial.

Ces éléments explicatifs mettent en évidence la contradiction fondamentale de la position américaine dans le monde : les États-Unis doivent stabiliser durablement un équilibre économique impérial sans en avoir réellement les moyens militaires et idéologiques. Pour bien comprendre la politique étrangère américaine, cependant, nous devons encore examiner la manière dont cette contradiction fondamentale est apparue, décrire la trajectoire qui a conduit à cette posture bancale, mi-impériale, mi-libérale. Rien n'évoque l'existence d'un projet à long terme dans la succession de décisions qui a mené au dilemme actuel.

L'option impériale est récente : elle ne découle pas d'une volonté forte mais s'est au contraire présentée aux dirigeants américains comme une solution de facilité. Elle est un produit des circonstances : l'effondrement du système soviétique, en donnant un instant l'illusion de la toute-puissance, a conduit au rêve d'une hégémonie globale et stable, en deux temps. 1995 plutôt que 1990 a été le moment du choix.

De l'effondrement du communisme à celui de la Russie

Ni les dirigeants ni les stratèges américains n'avaient prévu l'effondrement du système soviétique, de ce rival communiste dont la concurrence avait, au lendemain de la

Seconde Guerre mondiale, assuré à l'espace libéral une sorte de cohérence négative. Au début des années 90, les États-Unis étaient d'ailleurs engagés dans une prise de conscience de leurs propres déficiences économiques. Michael Porter décrivait dès 1990, dans *The Competitive Advantage of Nations*, des capitalismes différents, japonais, allemand, suédois, coréen, plus efficaces que le capitalisme anglo-saxon en termes de production parce que n'acceptant les règles libérales que si celles-ci les avantageaient[1].

L'effondrement du communisme, ennemi principal, sembla dans un premier temps conduire à l'émergence au premier plan de la rivalité avec les puissances capitalistes européennes ou asiatiques. En 1993, Lester Thurow annonçait, dans *Head to Head*, la guerre économique à venir entre les États-Unis, l'Europe et le Japon[2]. Nous devons bien comprendre qu'à ce stade les gouvernants américains, et les autres, qui n'avaient déjà pas prévu, quelques années plus tôt, l'effondrement du communisme, n'envisageaient pas encore la disparition de la Russie en tant que superpuissance. Après avoir surestimé l'efficacité économique du communisme, le monde développé sous-estimait les difficultés associées à la sortie du communisme.

Au début des années 90, l'hypothèse la plus vraisemblable était, pour tous, celle du maintien d'une certaine pesée stratégique russe, dans un monde débarrassé de sa polarisation idéologique mais comptant toujours deux superpuissances. On pouvait rêver d'un monde égalitaire et équilibré de nations acceptant enfin les mêmes règles du jeu. Dans ce contexte, les États-Unis ont joué le jeu d'un retour à l'équilibre des nations. Leur effort de désarme-

---

1. Michael Porter, *The Competitive Advantage of Nations*, Macmillan, 1990.

2. Lester Thurow, *Head to Head. The Coming Economic Battle among Japan, Europe and America*, William Morrow, Nicholas Brealey, 1993.

ment, on l'a vu, fut spectaculaire[1]. Rien n'indiquait alors une option impériale. Mais, entre 1990 et 1995, la décomposition politique de l'ex-sphère soviétique devint manifeste et l'implosion économique des diverses républiques réellement dramatique.

La production russe chute de 50 % entre 1990 et 1995. Le taux d'investissement s'effondre, l'usage de la monnaie recule et l'on assiste à la réémergence dans certaines régions d'une économie de troc. Les indépendances de l'Ukraine, de la Biélorussie et du Kazakhstan — à demi-russe ethniquement — font échapper au cœur « slave » du système 75 millions de ressortissants. La Russie perd son statut d'équivalent approximatif des États-Unis du point de vue de la masse démographique. En 1981, l'Union soviétique avait 268 millions d'habitants, les États-Unis 230. En 2001, la Russie n'en a plus que 144 millions, les États-Unis en ont atteint 285.

Pis encore, les revendications nationales ou ethniques touchent non seulement les anciennes républiques soviétiques, mais aussi les régions autonomes internes à la Fédération de Russie, du Caucase au Tatarstan. L'administration centrale semble perdre le contrôle des lointaines régions de Sibérie. On spécule donc sur une rupture des liens entre régions purement russes, sur une sorte de fragmentation féodale de l'État russe[2]. Tout cela suggère la possibilité d'une désintégration totale. Vers 1996, le vieil adversaire stratégique des Américains semble sur le point de purement et simplement disparaître. C'est alors que l'option impériale apparaît aux États-Unis, parce que l'hypothèse d'un monde déséquilibré, totalement dominé militairement par les États-Unis, contient un élément de vraisemblance.

---

1. Voir *supra*, p. 102-103.
2. Très bonne description de cette phase dans *Le chaos russe* de Jacques Sapir, La Découverte, 1996.

Un coup de pouce, quelques stimulations et provocations par les États-Unis sur les marges de la Fédération de Russie, au Caucase, en Asie centrale, ses deux ventres mous, et la partie d'échecs est gagnée. *The Grand Chessboard* de Brzezinski, ouvrage stratégique le plus cohérent sur la nécessité et les moyens d'établir une domination asymétrique des États-Unis en Eurasie, paraît en 1997.

L'effondrement russe fait des États-Unis l'unique superpuissance militaire. Parallèlement, la globalisation financière s'accélère : entre 1990 et 1997, le solde positif des mouvements de capitaux entre l'Amérique et le reste du monde passe de 60 à 271 milliards de dollars. Celle-ci peut s'abandonner à une consommation supplémentaire non couverte par la production.

L'idée d'une option impériale, cependant, ne doit pas conduire à imaginer des cercles dirigeants américains intensément lucides, génialement calculateurs, décidant à un moment décisif d'une stratégie et l'appliquant avec constance par la suite. Ce qui a conduit au choix de l'option impériale est, tout au contraire, l'abandon au cours naturel des choses, une préférence constante pour la facilité. La classe dirigeante américaine est encore plus dépourvue de volonté et de projet positif que ses homologues satellites d'Europe, si souvent critiquées pour leur faiblesse. La construction européenne exige après tout des efforts de concertation et d'organisation dont la classe dirigeante américaine serait, au stade actuel, tout à fait incapable.

Une option nationale aurait été infiniment plus sûre à long terme pour les États-Unis. Elle est beaucoup plus réalisable en Amérique qu'ailleurs, compte tenu de la masse continentale du pays et de la centralité de son système financier. Mais elle aurait exigé un véritable travail d'organisation et de régulation de la part de l'administration : une politique énergétique, une politique de protection de l'industrie, ces deux éléments essentiels s'accompagnant à l'extérieur d'une politique multilatérale pour encourager les autres nations et régions à évoluer vers une autonomie bénéfique à tous. La redynamisation des économies développées sur une base « régionalisée » aurait permis en effet une aide efficace aux pays en développement, dont la dette aurait pu être annulée en contrepartie du retour au protectionnisme. Un plan mondial de ce type aurait fait des États-Unis un leader mondial indiscutable et définitif. Mais penser et mettre tout cela en place aurait été fatigant.

Il était tellement plus facile, gratifiant, de croire en l'effondrement définitif de la Russie et en l'émergence des États-Unis comme unique superpuissance, de constater l'afflux des capitaux et de s'abandonner à un glissement sans fin dans le déficit commercial. Justifiée par l'idéologie libérale du laisser-faire, l'option impériale a surtout été, psychologiquement, un produit du laisser-aller.

Cette stratégie, ambitieuse dans ses objectifs mais molle dans ses motivations, impliquait un risque majeur : on ne pouvait affirmer, en 1997, que la puissance russe était définitivement morte. Toute politique étrangère considérant comme acquise une hypothèse aussi incertaine faisait prendre à l'Amérique un risque colossal : celui de se trouver un jour dans un état de dépendance économique grave sans disposer d'une supériorité militaire réelle, bref celui de passer d'une situation semi-impériale à une situation pseudo-impériale.

Si elle avait été pensée et si elle avait résulté d'une volonté forte, la stratégie diplomatique et militaire correspondant à l'option impériale aurait au moins été suivie avec constance et méthode. Elle ne l'a pas été. Pour démontrer cette absence de continuité dans l'effort, le plus simple est d'analyser le plus raisonnable et le plus franc des projets impériaux — le modèle Brzezinski — et d'examiner ensuite dans quelle mesure les dirigeants américains s'y sont tenus, ou non. L'examen de l'histoire récente révèle qu'ils ont réalisé tout ce qui était facile, au jour le jour, et renoncé à tout ce qui demandait un investissement important en temps et en énergie.

Du grand échiquier diplomatique...

Le projet de Brzezinski est clair et concis, même s'il suggère que c'est pour son propre bien qu'il faut achever la Russie, en annexant l'Ukraine à l'Occident, en utilisant l'Ouzbékistan pour faire échapper l'Asie centrale à sa sphère d'influence. Il ne révèle pas non plus que l'encerclement de la Russie doit conduire à la désagrégation du cœur du pays. La haute stratégie n'exclut pas un minimum de prudence diplomatique. Mais il y a plus inavouable encore : Brzezinski n'évoque pas l'inefficacité de l'économie américaine et la nécessité pour les États-Unis d'assurer politiquement et militairement leur contrôle sur les richesses du monde. Sa culture géopolitique l'amène cependant à formuler cette motivation essentielle de manière indirecte, d'abord en soulignant que l'essentiel de la population et de l'activité mondiale se trouve en Eurasie, ensuite en constatant que l'Amérique est loin de l'Eurasie. Décodons : c'est d'Eurasie que viennent les flux de marchandises et d'argent indispensables au maintien du niveau de vie de l'Amérique, de ses classes supérieures comme de sa plèbe.

Ces réserves faites, le projet est cohérent. La seule menace à l'empire américain qu'il s'agit d'établir est la Russie qu'il faut donc isoler et dépecer. On peut parler d'une approche bismarckienne des problèmes, dans laquelle la Russie tiendrait la place de la France vaincue des années 1871-1890. Le chancelier Bismarck avait alors réussi l'unification de l'Allemagne, par l'écrasement de la France en 1870-71. Durant les vingt années suivantes, il travailla à maintenir de bonnes relations avec *toutes* les autres puissances européennes, pour isoler un seul adversaire, la France, tenue pour structurellement revancharde à cause de la perte de l'Alsace-Lorraine. Brzezinski recommande aux États-Unis une ligne conciliatrice avec *toutes* les nations sauf la Russie. Ayant parfaitement compris que la véritable prise des États-Unis sur l'Eurasie dépend au premier chef du consentement des protectorats européens et japonais, il conseille de solidifier cette prise, en donnant un rôle mondial plutôt qu'asiatique au Japon et en adoptant une attitude compréhensive vis-à-vis de la construction européenne. Seule l'Angleterre est traitée de façon condescendante et définie comme un « non-acteur ». Le tandem franco-allemand est respecté en tant que joueur stratégique majeur. Brzezinski suggère même, sommet de l'intelligence politique, une attitude plus compréhensive à l'égard de la France. La vision de départ est lucide : tant que l'Europe et le Japon se satisfont du leadership américain, l'empire est invulnérable. Il concentre dans sa sphère rapprochée l'essentiel de la puissance technologique et économique du monde. Au-delà de ce cœur stratégique, Brzezinski recommande aussi une attitude conciliatrice envers la Chine, dont l'éventuelle rivalité n'est qu'un problème à long terme, et de l'Iran, dont l'évolution probable ne mène pas à la confrontation. Coincée entre l'Europe et le Japon, coupée de la Chine et de l'Iran, la Russie perdrait effectivement tout moyen d'action en Eurasie. Résumons : l'Amérique, unique superpuissance, doit être compréhensive avec toutes les puissances secondaires pour éliminer définitivement la seule menace militaire immédiate à son hégémonie, la Russie.

Quelle partie de ce programme a été appliquée par la diplomatie américaine ? Au fond, seulement l'action contre la Russie par l'élargissement vers l'est de l'Otan, par les ouvertures à l'Ukraine, par l'utilisation de tous les prétextes possibles pour étendre l'influence américaine dans le Caucase et en Asie centrale. La guerre contre Al Qaida et le régime des talibans a permis la mise en place de 12 000 soldats américains en Afghanistan, de 1 500 en Ouzbékistan et d'une centaine en Géorgie. Mais ici, le gouvernement américain s'est contenté de profiter des circonstances : l'effort est faible, insuffisant pour aboutir, on le verra au chapitre suivant, à une déstabilisation décisive de la Russie dont l'Amérique n'a plus les moyens.

Pour le reste, la diplomatie américaine, loin d'être brillamment bismarckienne, a été catastrophiquement wilhelmienne. Guillaume II, une fois débarrassé du chancelier de fer, s'empressa d'entrer en conflit avec deux des puissances majeures de l'Europe : la Grande-Bretagne et la Russie, fabriquant à la France un système d'alliances clef en main qui mena directement à la Première Guerre mondiale et à la fin de l'hégémonie allemande. L'Amérique néglige, humilie ses alliés européens par son action unilatérale, laissant à la dérive l'Otan, instrument essentiel de sa puissance. Elle méprise le Japon, dont l'économie, la plus efficace du monde et nécessaire à son bien-être, est sans cesse présentée comme attardée. Elle provoque inlassablement la Chine et intègre l'Iran à l'axe du mal. *Tout se passe comme si l'Amérique essayait de constituer une coalition eurasiatique de pays très divers mais excédés par son comportement erratique.* Ajoutons, en sortant ainsi légèrement du cadre qui est celui de Brzezinski, l'obstination mise par l'Amérique à généraliser son conflit avec le monde musulman par son soutien indéfectible à Israël.

La maladresse américaine, cependant, n'est pas aléatoire : elle résulte, tout comme l'option impériale, d'un abandon au cours des choses, de nécessités à court terme.

Les ressources économiques, militaires et idéologiques limitées des États-Unis ne leur laissent d'autres possibilités, pour affirmer leur rôle mondial, que de *maltraiter les petites puissances*. Il y a une logique cachée dans le comportement apparent d'ivrogne de la diplomatie américaine. L'Amérique réelle est trop faible pour affronter autre chose que des nains militaires. En provoquant tous les acteurs secondaires, elle affirme du moins son rôle mondial. Sa dépendance économique au monde implique en effet une présence universelle d'un genre ou d'un autre. L'insuffisance de ses ressources réelles conduit à une hystérisation théâtrale des conflits secondaires. L'affaiblissement de son universalisme lui a par ailleurs fait perdre conscience du fait que, si elle veut continuer de régner, elle doit traiter de façon égalitaire l'Europe et le Japon, ses alliés principaux, qui, ensemble, dominent l'industrie mondiale.

... au petit jeu militaire

L'obstination des États-Unis à entretenir une tension en apparence inutile avec les résidus du passé que sont la Corée du Nord, Cuba et l'Irak présente toutes les apparences de l'irrationalité. Surtout si l'on ajoute l'hostilité à l'Iran, nation clairement engagée dans la voie d'une normalisation démocratique, et les provocations fréquentes envers la Chine. Une politique authentiquement impériale conduirait à la recherche d'une *Pax americana*, par l'établissement de relations de patiente condescendance avec des pays dont le statut est évidemment provisoire. Les régimes nord-coréen, cubain et irakien tomberaient sans intervention extérieure. L'Iran se transforme positivement sous nos yeux. Or il est parfaitement évident que l'agressivité américaine renforce les communismes absurdes, tout comme elle fige le régime irakien ou conforte la position des conservateurs antiaméricains en Iran. Dans le cas de la Chine, où le pouvoir communiste gère une transition autoritaire vers le capitalisme, l'hostilité américaine donne en pratique des armes au régime, le relégitime sans cesse en lui permettant de s'appuyer sur des sentiments nationalistes et xénophobes. Un nouveau théâtre s'est récemment ouvert à l'activité de pompier pyromane des États-Unis : le conflit entre l'Inde et le Pakistan. Largement responsables de la déstabilisation en cours du Pakistan et de la virulence locale de l'islamisme, les États-Unis ne s'en présentent pas moins comme médiateur indispensable.

Tout cela n'est pas bon pour le monde, énerve leurs alliés, mais a néanmoins un sens. Ces conflits qui présentent pour les États-Unis un risque militaire zéro leur permettent d'être « présents » partout dans le monde. Ils entretiennent l'illusion d'une planète instable, dangereuse, qui aurait besoin d'eux pour sa protection.

La première guerre d'Irak, menée par Bush Ier, a d'une certaine manière fourni le modèle qui domine désormais le comportement américain. On n'ose plus guère parler de stratégie car la rationalité à très court terme des États-Unis va vraisemblablement provoquer à moyen terme un affaiblissement radical de leur position dans le monde.

Qu'est-ce que l'Irak ? Un pays pétrolier mené par un dictateur dont la capacité de nuisance n'est que locale. Les circonstances de l'agression contre le Koweït sont obscures et l'on n'est pas près de savoir si les États-Unis ont sciemment poussé Saddam Hussein à la faute en lui laissant entendre que l'annexion du Koweït était acceptable de leur point de vue. La question est secondaire. Ce qui est sûr, c'est que la libération du Koweït a défini une option possible : s'engager dans le maximum de conflits avec des puissances militaires ridicules, désignées par l'expression d'« État voyou », *rogue state*, qui résume leur malfaisance et leur petite taille, pour « démontrer » la force de l'Amérique. L'adversaire doit être faible : notons que le Vietnam, toujours communiste mais qui symbolise pour les États-Unis la notion de capacité militaire réelle — et pour cause — est laissé en paix. Le gonflement de la menace irakienne — la quatrième armée du monde, disait-on ! — n'aura été que le début d'une mise en scène de menaces inexistantes pour le monde.

La guerre d'Afghanistan qui a résulté de l'attentat du 11 septembre a confirmé l'option. Une fois de plus, les dirigeants américains se sont engouffrés dans un conflit qu'ils n'avaient pas prévu, mais qui confortait leur technique centrale que l'on peut nommer le *micromilitarisme théâtral* : démontrer la nécessité de l'Amérique dans le monde en écrasant lentement des adversaires insignifiants. Dans le cas de l'Afghanistan, la démonstration n'a été qu'imparfaite. Elle a effectivement suggéré au monde que tout pays ne disposant pas d'une défense antiaérienne efficace, ou même d'une capacité de dissuasion nucléaire, était à la merci d'une terreur venue du ciel. Mais l'incapacité de l'armée américaine à s'engager sur le terrain a également rappelé l'incapacité fondamentale de la superpuissance, révélant ainsi qu'elle dépendait au sol, non seulement des chefs de guerre locaux, mais surtout du bon vouloir des Russes, tout proches et seuls capables d'armer rapidement l'Alliance du Nord. Résultat : ni le mollah Omar ni Ben Laden n'ont été attrapés. Les seigneurs de la guerre locaux ont livré quelques malheureux sous-fifres à leur employeur américain. Ces prisonniers insignifiants ont été logés dans la base de Guantanamo, à Cuba, pays dont le chef, Castro, ne partage pourtant avec les chefs fondamentalistes qu'une préférence pour le port de la barbe. Un lien fictif est ainsi créé entre le « problème cubain » et le problème Al Qaida. La construction médiatique d'un axe du mal est un objectif américain.

La fixation sur l'islam

La distribution des forces américaines dans le monde révèle la structure réelle de l'empire, ou de ses restes si l'on considère qu'il est en décomposition plutôt qu'en ascension. L'Allemagne, le Japon et la Corée restent les lieux d'implantation de la plus grande partie des forces américaines prépositionnées à l'étranger. L'établissement, depuis 1990, de bases en Hongrie, en Bosnie, en Afghanistan, en Ouzbékistan n'a pas fait basculer statistiquement cette orientation générale, héritée de la lutte contre le communisme. De cette période ne subsistent comme adversaires *déclarés* que Cuba et la Corée du Nord. Ces États ridicules sont stigmatisés de façon incessante, mais sans que le verbe entraîne une action militaire quelconque.

Le gros de l'activité militaire américaine se concentre désormais sur le monde musulman, au nom de la « lutte contre le terrorisme », dernière formalisation officielle du « micromilitarisme théâtral ». Trois facteurs permettent d'expliquer la fixation de l'Amérique sur cette religion qui est aussi de fait une région. Chacun de ces facteurs renvoie à l'une des déficiences — idéologique, économique, militaire — de l'Amérique en termes de ressources impériales :

— le recul de l'universalisme idéologique conduit à une nouvelle intolérance concernant la question du statut de la femme dans le monde musulman ;
— la chute de l'efficacité économique mène à une obsession du pétrole arabe ;

— l'insuffisance militaire des États-Unis fait du monde musulman, dont la faiblesse en ce domaine est extrême, une cible préférentielle.

Féminisme anglo-saxon et mépris du monde arabe

L'Amérique, de plus en plus intolérante à la diversité du monde, identifie spontanément le monde arabe comme antagoniste. L'opposition est ici de type viscéral, primitif, anthropologique. Elle va bien au-delà de l'opposition religieuse utilisée par Huntington pour établir le monde musulman comme extérieur à la sphère occidentale. Pour l'anthropologue habitué à travailler sur les mœurs, les systèmes anglo-saxon et arabe sont en opposition absolue.

La famille américaine est nucléaire, individualiste et assure à la femme une position élevée. La famille arabe est étendue, patrilinéaire et place la femme dans une situation de dépendance maximale. Le mariage entre cousins est particulièrement tabou dans le monde anglo-saxon ; préférentiel dans le monde arabe. L'Amérique, dont le féminisme est devenu, au cours des années, de plus en plus dogmatique, de plus en plus agressif, et dont la tolérance à la diversité effective du monde baisse sans cesse, était d'une certaine manière programmée pour entrer en conflit avec le monde arabe, ou plus généralement avec la partie du monde musulman dont les structures familiales ressemblent à celles du monde arabe, ce que l'on peut nommer le monde arabo-musulman. Une telle définition inclut le Pakistan, l'Iran, partiellement la Turquie mais non l'Indonésie et la Malaisie et les peuples islamisés de la façade africaine sur l'océan Indien où le statut de la femme est élevé.

Le heurt entre l'Amérique et le monde arabo-musulman

présente donc l'allure désagréable d'un conflit anthropologique, d'un affrontement irrationnel entre des valeurs par
définition indémontrables. Il y a quelque chose d'inquiétant
à voir une telle dimension devenir un facteur structurant
des relations internationales. Ce conflit culturel a pris
depuis le 11 septembre un côté bouffon et à nouveau théâtral, du genre comédie de boulevard mondialisée. D'un
côté, l'Amérique, pays des femmes *castratrices*, dont le précédent président avait dû passer devant une commission
pour prouver qu'il n'avait pas couché avec une stagiaire ; de
l'autre, Ben Laden, un terroriste polygame avec ses innombrables demi-frères et demi-sœurs. Nous sommes ici dans la
caricature d'un monde qui disparaît. Le monde musulman
n'a pas besoin des conseils de l'Amérique pour évoluer sur
le plan des mœurs.

La chute de la fécondité qui caractérise la majeure partie
des pays musulmans suppose en elle-même une améliora-
tion du statut de la femme. D'abord parce qu'elle nécessite
une élévation de leur niveau d'alphabétisation, ensuite
parce qu'un pays qui, comme l'Iran, atteint une fécondité de
2,1 enfants par femme ne peut que contenir un très grand
nombre de familles qui ont renoncé à avoir des fils et ont
de fait rompu avec la tradition patrilinéaire[1]. Dans l'un des
rares pays pour lequel on dispose de plusieurs enquêtes successives sur le mariage entre cousins, l'Égypte, on observe
que leur proportion décroît, de 25 % en 1992 à 22 % en
2000[2].

---

1. On peut en théorie construire un modèle rendant compatible une
fécondité réduite à 2 enfants par femme et une préférence patrilinéaire absolue, si l'on suppose que chaque couple cesse de procréer dès qu'il a eu un
fils et continue à procréer s'il n'en a pas eu, mais c'est une hypothèse très
irréaliste qui élimine la possibilité pour un couple d'avoir deux fils, refus qui
élimine une autre dimension de la famille arabe traditionnelle, la solidarité
des frères et la préférence pour le mariage entre leurs enfants.
2. *Egypt Demographic and Health Survey*, 1992 et 2000.

La guerre d'Afghanistan a vu l'émergence, un peu sur le continent européen, massivement dans le monde anglo-saxon, d'un discours de guerre culturelle sur le statut de la femme afghane, exigeant une réforme des mœurs. On nous a presque présenté les B-52 américains comme bombardant l'antiféminisme islamique. Une telle exigence occidentale est ridicule. Les évolutions de mœurs se font, mais il s'agit de processus lents qu'une guerre menée de façon moderne et aveugle ne peut que freiner puisqu'elle associe la civilisation occidentale, effectivement féministe, à une indiscutable férocité militaire et donne, par contrecoup, une noblesse absurde à l'éthique surmasculinisée du guerrier afghan.

Le conflit entre le monde anglo-saxon et le monde arabo-musulman est profond. Et il y a pire que les prises de position féministes de Mmes Bush et Blair concernant les femmes afghanes. L'anthropologie sociale ou culturelle anglo-saxonne laisse apparaître quelques signes de dégénérescence. À l'effort de compréhension des individus vivant dans des systèmes différents, typique d'Evans-Pritchard ou Meyer Fortes, a succédé la dénonciation par des suffragettes ignares de la dominance masculine en Nouvelle-Guinée ou l'admiration explicite des mêmes pour les systèmes matrilinéaires de la côte de Tanzanie ou du Mozambique, majoritairement musulmans d'ailleurs. Si une science se met à distribuer des bons et des mauvais points, comment attendre de la sérénité de la part des gouvernements et des armées ?

On l'a vu plus haut, « universalisme » n'est pas synonyme de tolérance. Les Français par exemple sont tout à fait capables d'être hostiles aux immigrés d'origine maghrébine parce que le statut de la femme arabe contredit leur propre système de mœurs. Mais leur réaction est instinctive et ne s'accompagne d'aucune formalisation idéologique, d'aucun jugement global sur le système anthropologique arabe. L'universalisme est a priori aveugle à la différence et ne peut déboucher sur la condamnation explicite de tel ou tel système. La guerre « contre le terrorisme » a au contraire été l'occasion de jugements définitifs et sans appel sur le système anthropologique afghan (ou arabe), incompatibles avec un a priori égalitaire.

Ce que nous observons ici n'est donc pas une collection d'anecdotes, mais l'effet du recul de l'universalisme dans le monde anglo-saxon, qui prive l'Amérique d'une vision juste des rapports internationaux et qui lui interdit de traiter décemment — c'est-à-dire d'un point de vue stratégique, efficacement — le monde musulman.

Dépendance économique et obsession du pétrole

La politique pétrolière des États-Unis, naturellement concentrée sur le monde arabe, est un effet du nouveau rapport économique de l'Amérique au monde. Leader historique dans la découverte, la production et l'utilisation du pétrole, l'Amérique est devenue ces trente dernières années massivement importatrice. Si on la compare à l'Europe et au Japon, dont les productions sont peu importantes ou inexistantes, elle s'est, de ce point de vue, normalisée.

En 1973, les États-Unis produisaient par jour 9, 2 millions de barils et en importaient 3,2. En 1999, ils en produisaient 5,9 et en importaient 8,6[1]. Au rythme actuel d'exploitation, les réserves américaines seront épuisées en 2010. On peut comprendre l'obsession américaine du pétrole et, pourquoi pas, la surreprésentation des « pétroliers » dans le gouver-

---

1. *Statistical Abstract of The United States : 2000*, p. 591.

nement Bush. La fixation des États-Unis sur cette source d'énergie ne peut cependant être considérée comme purement rationnelle et révélatrice d'une stratégie impériale efficace, pour plusieurs raisons. D'abord parce que la thématique pétrolière, compte tenu du niveau de *dépendance générale à l'égard des importations* de l'économie américaine, est désormais symbolique plutôt qu'essentielle. Une Amérique gavée de pétrole mais privée de ses approvisionnements en marchandises verrait sa consommation chuter de la même manière qu'une Amérique privée de pétrole. Les importations de pétrole ne représentent, on l'a vu, qu'une fraction non négligeable mais secondaire du déficit commercial américain : 80 milliards de dollars sur 450 pour l'année 2000. L'Amérique serait en fait vulnérable à n'importe quel type de blocus, et la centralité de la thématique pétrolière ne peut s'expliquer par la rationalité économique.

La crainte d'une insuffisance des approvisionnements pétroliers ne devrait surtout pas conduire à une fixation sur le Moyen-Orient. Les pays qui fournissent en énergie l'Amérique sont assez bien répartis sur l'ensemble de la planète. Le monde arabe, malgré sa place prépondérante dans la production, et surtout dans la détention des réserves mondiales, ne tient aucunement les États-Unis à la gorge. La moitié des importations américaines de pétrole vient du Nouveau Monde, militairement sûr pour les États-Unis : Mexique, Canada et Venezuela principalement. Si l'on ajoute les quantités en provenance de ces pays à la production américaine elle-même, on atteint 70 % de la consommation des États-Unis venant de la sphère occidentale rapprochée définie par la doctrine de Monroe.

Par comparaison avec l'Europe et le Japon, qui dépendent réellement du Moyen-Orient, la sécurité pétrolière des États-Unis est considérable. Les pays du golfe Persique en

Tableau 9. *Importations pétrolières américaines en 2001*
(*en millions de barils*)

Total	3475		
Algérie	3	Congo (Kinshasa)	5
Arabie saoudite	585	Indonésie	15
Égypte	2,5	Malaisie	5
Émirats arabes unis	5	Nigeria	309
Irak	285		
Iran	0	Antilles néerlandaises	6
Koweït	88	Canada	485
Oman	6	Équateur	43
Qatar	0	Mexique	498
		Pérou	2,5
Angola	122	Trinité-et-Tobago	19
Brunei	2	Venezuela	520
Chine	5		
Congo (Brazzaville)	16	Reste du monde	453

Source : http://www.census.gov/foreign-trade

particulier ne fournissent que 18% de la consommation américaine. La présence militaire dans la région, aéronavale ou à terre, en Arabie saoudite, la lutte diplomatique contre l'Iran, les attaques à répétition contre l'Irak s'inscrivent certainement dans le cadre d'une stratégie pétrolière. L'énergie qu'il s'agit de contrôler, cependant, n'est pas celle des États-Unis, c'est celle du monde, et plus spécifiquement, celle des deux pôles industriellement productifs et excédentaires de la triade, l'Europe et le Japon. Ici, l'action américaine peut effectivement apparaître comme impériale. Elle n'est pas forcément rassurante.

Au stade actuel, l'existence de populations nombreuses en Iran, en Irak et même désormais en Arabie saoudite impose à ces pays de vendre leur pétrole sous peine d'exploser. Européens et Japonais n'ont donc rien à craindre de la liberté d'action de ces nations. Les États-Unis prétendent assurer la sécurité des approvisionnements pétroliers de leurs alliés. La vérité est que, par le contrôle des ressources énergétiques nécessaires à l'Europe et au Japon, les États-Unis pensent garder la possibilité d'exercer sur eux des pressions significatives.

Ce que j'évoque ici est la rêverie d'un vieux stratège s'abandonnant à la facilité de quelques chiffres et de quelques cartes, une sorte de Rumsfeld archétypal. La réalité est que les États-Unis ont perdu le contrôle de l'Iran et de l'Irak. L'Arabie saoudite est en train de leur échapper et l'on ne peut considérer l'établissement de bases permanentes dans ce pays, à la suite de la première guerre contre l'Irak, que comme une ultime tentative pour ne pas perdre complètement le contrôle de la zone. Ce reflux est la tendance stratégique de fond. Aucune armada aéronavale ne peut indéfiniment maintenir, *à une telle distance des États-Unis*, une suprématie militaire sans le soutien de nations locales. Les bases saoudiennes et turques sont techniquement plus importantes que les porte-avions américains.

La fixation sur le pétrole du monde musulman évoque donc beaucoup plus une peur de l'expulsion qu'une capacité à élargir l'empire. Elle révèle l'anxiété des États-Unis plutôt que leur puissance : d'abord la peur d'une dépendance économique désormais générale, dont le déficit énergétique n'est qu'un symbole, ensuite, par voie de conséquence, la peur de perdre le contrôle des deux protectorats productifs de la triade, l'Europe et le Japon.

Une solution à court terme :
attaquer les faibles

Au-delà de toute motivation apparente des États-Unis — indignation devant le statut de la femme arabe, importance du pétrole — le choix du monde musulman comme cible et prétexte privilégié du militarisme théâtral américain, dont l'objectif réel est d'illustrer à peu de frais l'« omnipotence stratégique » des États-Unis, résulte aussi, tout simplement, de la faiblesse du monde arabe. Il est par nature l'agneau du sacrifice. Huntington note — on ne sait trop si c'est avec regret ou satisfaction — que la civilisation musulmane n'a pas d'État dominant central, de « *core-state* » dans sa terminologie. Il n'existe effectivement dans la sphère arabo-musulmane aucun État puissant, par la population, l'industrie et la capacité militaire. Ni l'Égypte, ni l'Arabie saoudite, ni le Pakistan, ni l'Irak, ni l'Iran n'ont les moyens matériels et humains d'une véritable résistance. Israël a par ailleurs administré à plusieurs reprises la démonstration de l'incapacité militaire actuelle des pays arabes, dont le niveau de développement et l'organisation étatique semblent pour le moment incompatibles avec l'émergence d'appareils militaires efficaces.

La région est donc un champ de démonstration idéal pour les États-Unis qui peuvent y remporter des « victoires » dont la facilité évoque celle de jeux vidéo. La défaite au Vietnam a été parfaitement intériorisée par l'establishment militaire américain qui connaît l'incapacité au sol de ses propres troupes et ne manque jamais de rappeler — qu'il s'agisse du lapsus d'un général confondant l'Afghanistan et le Vietnam ou de la peur évidente d'engager des troupes au sol — que le seul type de guerre possible pour les États-Unis est contre un adversaire faible et dépourvu de défenses anti-aériennes. Il est d'ailleurs hors de doute qu'en ciblant un adversaire faible, en choisissant l'asymétrie, l'armée américaine retrouve une certaine tradition militaire, associée au différentialisme, celle des guerres indiennes.

L'option antiarabe des États-Unis est une solution de facilité. Elle résulte de multiples paramètres objectifs, de la nécessité pour l'Amérique de maintenir un semblant d'action impériale. Mais elle ne résulte pas d'un choix pensé de manière centrale pour optimiser les chances à long terme de l'empire américain. Au contraire. Les dirigeants des États-Unis s'abandonnent toujours à la ligne de plus grande pente. Chaque fois, c'est l'action la plus immédiatement facile, la moins exigeante en termes d'investissement économique, militaire ou même conceptuel, qui est engagée. On maltraite les Arabes, parce qu'ils sont militairement faibles, parce qu'ils ont du pétrole et que le mythe du pétrole permet d'oublier l'essentiel, la dépendance globale des États-Unis en approvisionnement *de toutes* marchandises. On maltraite aussi les Arabes parce qu'il n'y a pas de lobby arabe efficace dans le jeu politique interne des États-Unis, et parce que l'on n'est plus capable de penser de manière universaliste et égalitaire.

Si nous voulons comprendre ce qui se passe, nous devons absolument refuser le modèle d'une Amérique agissant en vertu d'un plan global, pensé rationnellement et appliqué méthodiquement. Il existe un cours de la politique extérieure américaine, qui mène quelque part, mais à la manière du cours d'un fleuve. Partout la ligne de plus grande pente conduit à la descente et à la réunion des ruisseaux, des rivières, et enfin le fleuve se jette dans la mer ou l'océan. L'ensemble va donc quelque part. Mais le processus se passe de toute pensée et de toute maîtrise. C'est ainsi que l'Amérique définit sa route, superpuissance certes, mais impuissante néanmoins à maîtriser un monde trop vaste, trop fort pour elle par sa diversité. Chacune des options choisies par facilité conduit à des difficultés aggravées dans les domaines où il aurait vraiment fallu agir, aller temporairement contre le cours des choses, refuser la ligne de plus grande pente pour reprendre la métaphore hydrographique, accepter de remonter quelques centaines de mètres à pied : rebâtir une industrie, payer le prix d'une véritable fidélité des alliés en tenant compte de leurs intérêts, oser affronter avec force le véritable adversaire stratégique russe plutôt que de se contenter de l'asticoter, ou imposer à Israël une paix équitable.

Les gesticulations américaines dans le Golfe, les attaques contre l'Irak, les menaces contre la Corée, les provocations à l'égard de la Chine s'inscrivent toutes dans la stratégie américaine du micromilitarisme théâtral. Elles amusent un temps les médias, éblouissent les dirigeants alliés. Mais ces gesticulations divergent des axes majeurs d'une stratégie américaine réaliste, qui devrait maintenir le contrôle des États-Unis sur les pôles industriels productifs de la triade, l'Europe et le Japon, neutraliser par une attitude bienveillante la Chine et l'Iran. Et briser l'unique adversaire militaire réel, la Russie. Je vais, dans les deux derniers chapitres de ce livre montrer comment le retour de la Russie à l'équilibre, la prise d'autonomie tendancielle de l'Europe et du Japon conduisent à l'effondrement à moyen terme du leadership américain. Et comment l'agitation micromilitaire américaine encourage un rapprochement entre les acteurs stratégiques majeurs que sont l'Europe, la Russie et le Japon, c'est-à-dire exactement ce que l'Amérique devrait empêcher si elle voulait régner. Le cauchemar caché derrière le rêve de Brzezinski est en cours de réalisation : l'Eurasie cherche son équilibre sans les États-Unis.

CHAPITRE 7

Le retour de la Russie

Les États-Unis sont en train d'échouer dans leur tentative pour achever ou, plus modestement, isoler la Russie, même s'ils continuent de faire comme si leur vieil adversaire stratégique ne comptait plus, soit en l'humiliant, soit en affectant la bienveillance qu'on doit à un moribond, parfois en combinant les deux attitudes. Fin mai 2002 George W. Bush a parcouru l'Europe en parlant de coopération avec la Russie, au moment même où certains de ses soldats s'installaient dans le Caucase, en Géorgie. Le plus souvent, Washington prend un plaisir évident à démontrer au monde que l'Otan peut être élargie ou qu'un bouclier spatial américain peut être mis en chantier sans l'accord de Moscou. Dire que la Russie n'existe pas, c'est nier la réalité, puisque sans son aide active l'armée américaine n'aurait pu mettre un pied en Afghanistan. Mais le micromilitarisme théâtral exige cette posture ; il faut simuler l'empire, encore plus violemment à l'instant où l'Amérique se place dans la dépendance tactique de la Russie.

Face à la question russe, la stratégie américaine avait deux objectifs dont le premier n'est déjà plus accessible et dont le second apparaît de plus en plus difficile à atteindre.

Premier objectif : une désintégration de la Russie, qui pouvait être accélérée par la stimulation des indépendantismes au Caucase et par une présence militaire américaine en Asie centrale. Ces démonstrations de force devaient encourager les tendances provinciales centrifuges à l'intérieur même de la partie ethniquement russe de la Fédération de Russie. C'était sous-estimer gravement la cohésion nationale russe.

Deuxième objectif : le maintien d'un certain niveau de tension entre États-Unis et Russie devait empêcher le rapprochement entre Europe et Russie — la réunification de la partie ouest de l'Eurasie — en préservant le plus longtemps possible l'antagonisme hérité de la guerre froide. Mais le désordre et l'incertitude engendrés par la politique américaine au Moyen-Orient ont à l'inverse fini par créer les conditions optimales d'une réinsertion de la Russie dans le jeu international, situation dont Vladimir Poutine a immédiatement profité. Celui-ci a offert à l'Occident, dans un impressionnant discours prononcé pour l'essentiel en allemand au Bundestag, le 25 septembre 2001, la vraie fin de la guerre froide. Mais quel Occident ? Aider à court terme les États-Unis dans leurs opérations micromilitaires et médiatiques en Afghanistan, pays du fantasme stratégique, n'est pour les Russes que l'apparence des choses. L'essentiel, c'est de se rapprocher de l'Europe, première puissance industrielle de la planète. La mesure des flux d'importations et d'exportations permet de définir les enjeux réels du subtil jeu à trois qui se dessine entre la Russie, les États-Unis et l'Europe.

En 2001, la Russie et les États-Unis ont échangés pour 10 milliards d'euros de biens, la Russie et l'Union européenne pour 75 milliards, soit 7,5 fois plus. La Russie peut se passer des États-Unis, mais non de l'Europe. La Russie propose implicitement à l'Europe un contrepoids à l'influence américaine sur le plan militaire et la sécurité de ses approvisionnements énergétiques. Le marché est tentant.

Quelle que soit l'intelligence du livre de Brzezinski, il y avait dans la métaphore de l'échiquier de son titre un je-ne-sais-quoi d'acte manqué, au sens freudien, comme un pressentiment de ratage : on ne devrait pas jouer aux échecs avec les Russes dont c'est le sport national. Ils sont intellectuellement bien entraînés à ne pas faire l'erreur que l'adversaire attend d'eux, en l'occurrence réagir sottement à des provocations sans substance stratégique réelle, en Géorgie ou en Ouzbékistan. Refuser un échange, refuser une prise, refuser un affrontement local mineur proposé par l'adversaire, c'est le b.a.-ba des échecs. Surtout lorsque l'on est en état de faiblesse. Peut-être évoquera-t-on un jour dans les manuels de diplomatie une « défense Poutine » dont la formulation théorique serait quelque chose du style : comment obtenir, dans le contexte d'une chute de puissance, un basculement des alliances ?

N'exagérons pas pourtant l'importance des calculs et des choix conscients des gouvernements. L'équilibre mondial ne dépend fondamentalement ni des actions de Bush II et de son équipe, ni de l'intelligence politique de Poutine. Le facteur lourd qu'est la dynamique, ou la non-dynamique, de la société russe est l'essentiel. Or la Russie est vraisemblablement en train d'émerger d'une décennie de désordre lié à la sortie du communisme, et de redevenir par nature un acteur stable et fiable de l'équilibre des puissances. La situation cependant ne doit pas être idéalisée.

Les paramètres démographiques de la crise russe

La société russe est totalement alphabétisée, l'éducation secondaire et supérieure y est assez avancée. Mais la Russie reste pauvre et extrêmement violente. Cette société est probablement l'une des rares au monde qui combinait, vers la fin des années 90, un taux d'homicide très élevé, de 23 pour 100 000 habitants, à un taux de suicide également excessif, de 35 pour 100 000 habitants. Ces chiffres sont parmi les plus forts du monde. Le niveau de violence privée de la société russe n'est dépassé, dans l'espace géographique pour lequel on dispose de chiffres, que par la Colombie, société dont le niveau d'anarchie fait qu'on peut la qualifier de folle, même si une partie de cette folie s'exprime par les bavardages pseudo-révolutionnaires des Farc. Suicide et homicide expliquent pour l'essentiel la très faible espérance de vie des hommes en Russie. Déjà courte dans l'ultime époque soviétique, 64 ans en 1989, leur durée de vie moyenne est tombée à un point bas de 57 ans en 1994. Elle a légèrement remonté depuis, à 61 ans en 1998, mais avec une petite rechute à 60 ans en 1999.

Le mouvement de la mortalité infantile nous permet de suivre la conjoncture dramatique des années de l'après-communisme. De 17,6 pour 1 000 en 1990, la mortalité infantile a atteint 20,3 en 1993. Elle a baissé à nouveau jusqu'à 16,5 en 1998, pour remonter très légèrement à 16,9 en 1999. L'hétérogénéité territoriale de la Fédération interdit cependant que l'on considère, au stade actuel, cette pointe récente comme statistiquement significative pour le cœur actif de la Russie. Les deux derniers taux, qui n'ont rien de brillant à l'échelle du monde développé, sont quand même les plus bas jamais enregistrés dans toute l'histoire russe.

Le paramètre démographique le plus préoccupant, et dont les implications sont évidentes, est l'effondrement de la fécondité. Selon l'indicateur conjoncturel, le nombre d'enfants par femme n'était en Russie que de 1,2 en 2001. Il était au même niveau en Biélorussie, et encore plus bas, à 1,1, en Ukraine. Cette fécondité ne permet pas, contrairement aux apparences, de repérer une persistance culturelle spécifique à l'espace soviétique puisque ces taux, très bas, sont proches de ceux de l'Europe centrale et méridionale. Rappelons que l'Espagne a une fécondité de 1,2 ; l'Italie, l'Allemagne et la Grèce de 1,3.

Compte tenu de la mortalité élevée, cette faible natalité russe devrait conduire à une décroissance importante de la population, ainsi que l'indiquent des projections très préoccupantes à moyen terme. De 144 millions d'habitants en 2001, la Russie devrait tomber à 137 en 2025 ; l'Ukraine de 49 millions à 45. Ces projections dépendent évidemment du maintien de conditions socio-économiques absolument défavorables. Or, dans ce domaine, la situation évolue, mieux, se retourne.

Tableau 10. Mortalité infantile et espérance de vie masculine en Russie

	Mortalité infantile	Espérance de vie masculine		Mortalité infantile	Espérance de vie masculine
1965	27,0	64,6	1983	19,8	62,3
1966	25,6	64,3	1984	21,1	62,0
1967	25,6	64,2	1985	20,8	62,3
1968	25,5	63,9	1986	19,1	63,8
1969	24,4	63,5	1987	19,4	65,0
1970	22,9	63,2	1988	19,1	64,8
1971	21,0	63,2	1989	18,1	64,2
1972	21,6	63,2	1990	17,6	63,8
1973	22,2	63,2	1991	18,1	63,5
1974	22,6	63,2	1992	18,4	62,0
1975	23,6	62,8	1993	20,3	58,9
1976	24,8	62,3	1994	18,6	57,3
1977	21,4	62,0	1995	18,2	58,2
1978	23,5	61,8	1996	17,5	59,7
1979	22,6	61,7	1997	17,2	60,9
1980	22,0	61,5	1998	16,5	61,3
1981	21,5	61,5	1999	16,9	59,9
1982	20,2	62,0			

Source : Base de données *Statistiques démographiques des pays industriels*, mise en place à l'Institut National d'Études Démographiques par Alain Monnier et Catherine de Guibert-Lantoine.

La reprise économique et le retour de l'État

Depuis 1999, l'économie russe redémarre. À la décrois-sance du produit national brut (– 4,9 % encore en 1998) a enfin succédé une reprise : 5,4 %, 8,3 % et 5,5 % d'augmentation en 1999, 2000 et 2001. Cette croissance n'est pas le seul effet des exportations de pétrole et de gaz naturel, points forts de l'économie russe en toutes circonstances. La progression de l'industrie en 1999 et 2000 a été estimée à 11-12 %. Elle est particulièrement importante dans les constructions mécaniques, la chimie, la pétrochimie et le papier. Mais le redémarrage des industries légères aussi est substantiel. La Russie semble sortir, sur le plan économique, de son temps des troubles. Elle ne peut plus être considérée comme un pays en perdition. Le processus de démonétisation — de passage à une économie de troc — est enrayé, et l'on peut à l'inverse parler de remonétisation. L'État, qui semblait en cours d'évaporation, réémerge comme un acteur autonome de la vie sociale, phénomène que l'on peut mesurer, de la façon la plus simple et la plus fondamentale, par sa capacité renouvelée à prélever une partie de la richesse nationale. En proportion du produit national brut, les ressources de l'État sont passées de 8,9 % en 1998 à 12,6 % en 1999 et 16,0 % en 2000. Le budget est excédentaire de 2,3 % du PNB en 2000[1].

Indispensable à l'équilibre interne de la société russe, cette réapparition de l'État a deux effets sur le plan international. La Russie peut se comporter à nouveau comme un partenaire financier fiable puisqu'elle assure sans difficulté le service de sa dette extérieure. De plus, confrontée au

---

1. OECD, *Economic Surveys 2001-2002, Russian Federation*, vol. 2002/5.

comportement incertain et agressif des États-Unis, elle a pu amorcer le rétablissement d'une capacité militaire minimale : 1,7 % seulement de la part du PNB consacrée à la défense en 1998 mais 2,4 % en 1999 et 2,7 % en 2000. Il serait absolument hasardeux d'affirmer que la Russie a réglé tous ses problèmes, ou même les plus importants, mais il est clair que l'ère Poutine est celle d'une stabilisation de la vie sociale russe et d'un début de résolution des problèmes économiques.

La tentative brouillonne et brutale de libéralisation de l'économie des années 1990-1997, menée avec l'aide de conseillers américains, avait conduit le pays au désastre. Nous pouvons sur ce point accepter le diagnostic de Gilpin qui considère que l'effondrement de l'État fut largement responsable de l'anarchie sociale et économique durant la transition russe[1]. C'est ce genre de désastre que la Chine a évité en maintenant un État autoritaire au cœur du processus de libéralisation de l'économie.

La question démocratique en Russie

La question du dynamisme économique n'est pas la seule qui pèse sur l'avenir de la Russie. L'autre inconnue fondamentale est le destin du système politique dont personne ne peut affirmer qu'il sera démocratique et libéral. La presse occidentale, écrite comme audiovisuelle, nous assure, jour après jour, que le pays de Vladimir Poutine subit une véritable normalisation médiatique. Télévisions, journaux seraient, les uns après les autres, mis au pas par le pouvoir, même si les médias occidentaux admettent quand même parfois qu'il s'agit de briser la puissance des oligarques nés de l'anarchie pseudo-libérale des années 1990-2000 et non de supprimer la liberté de s'informer. Après tout, il n'y a pas

1. *Global Political Economy*, Princeton University Press, 2001, p. 333-339.

si longtemps, l'État disposait en France d'un monopole télévisuel, contesté et destiné à être brisé. Mais aucune personne sensée n'aurait décrit la France gaulliste comme un pays en marche vers le totalitarisme.

Il y a en Russie un président, fort, élu au suffrage universel, un parlement, moins puissant mais également élu au suffrage universel. Il y a aussi une pluralité de partis politiques, financés comme en France par l'État plutôt que comme en Amérique par les très grandes entreprises. On peut distinguer trois forces principales : un parti communiste, un centre gouvernemental et une droite libérale. Pas plus que la démocratie japonaise, la démocratie russe n'a pris la forme classique d'une démocratie à alternance de type anglo-saxon ou français. Si ce système se stabilise, nous pourrons dire qu'il représente une forme possible d'adaptation de la démocratie à un fonds anthropologique communautaire.

La démocratie russe traverse certainement une phase de reprise en main par le gouvernement central, nécessaire après l'anarchie des années 1990-2000. Le gouvernement Poutine fait en Tchétchénie, sur les frontières de la Fédération de Russie, une sale guerre, dont on peut légitimement dénoncer les méthodes. Mais on doit aussi admettre que, compte tenu de la présence d'innombrables minorités ethniques dans l'espace de la Fédération, interdire à l'État russe de mettre au pas la Tchétchénie, c'est exiger sa décomposition terminale. L'activisme de la CIA au Caucase, durant les dix dernières années, l'installation de conseillers militaires américains en Géorgie assurent au conflit de Tchétchénie une dimension internationale. C'est un affrontement entre Russie et Amérique qui a lieu là-bas et les deux puissances devront partager équitablement la responsabilité morale des dégâts humains.

Si nous tenons à juger la Russie, nous devons adopter une perspective plus large, échapper à la myopie historique du commentaire au jour le jour. Nous devons envisager d'un coup ce qu'a réalisé la Russie en dix ans, au milieu d'immenses souffrances économiques et sociales. Elle a abattu par elle-même le régime totalitaire le plus complet jamais mis en place dans l'histoire de l'humanité. Elle a accepté sans violence que ses satellites d'Europe de l'Est prennent leur indépendance, suivis des pays baltes et des républiques du Caucase et d'Asie centrale. Elle a accepté la fission du cœur proprement russe de l'État, la séparation de la Biélorussie et de l'Ukraine. Elle a admis que la présence d'énormes minorités russes dans la plupart des nouveaux États n'interdisait pas leur indépendance. Rien ne doit être idéalisé. On peut souligner que la Russie n'avait pas le choix, et que le fait de laisser en place à l'extérieur ces minorités était un gage de puissance pour l'avenir. Si cela est vrai, on ne peut qu'admirer l'intelligence et la maîtrise des dirigeants russes qui ont préféré un avenir lointain à la facilité d'une immédiate et inutile violence. Superpuissance il y a à peine dix ans, la Russie a accepté pacifiquement tous les retraits qu'a refusés la Serbie de Milosevic. Ce faisant, elle a démontré qu'elle était une très grande nation, calculatrice et responsable, dont il va bien falloir un jour que nous admettions, malgré l'horreur du stalinisme, une contribution positive à l'histoire, incluant l'une des plus universelles des littératures avec Gogol, Tolstoï, Dostoïevski, Tchekhov, Tourgueniev et bien d'autres. La dénonciation rétrospective du communisme ne constitue pas une description exhaustive de l'histoire russe.

L'universalisme russe

Pour bien évaluer ce que la Russie peut apporter de positif au monde présent, nous devons d'abord comprendre pourquoi elle a eu une si forte influence sur le monde passé. Le communisme, doctrine et pratique de servitude, inventé par elle, a séduit à l'extérieur de l'empire russe des ouvriers, des paysans, des professeurs, constituant l'aspiration communiste en force planétaire. Le succès du communisme s'explique principalement par l'existence dans une bonne partie du monde, principalement dans la partie centrale de l'Eurasie, de structures familiales égalitaires et autoritaires prédisposant à percevoir comme naturelle et bonne l'idéologie communiste. Mais la Russie a réussi, un temps, à organiser tout cela à l'échelle planétaire, à devenir le cœur d'un empire idéologique. Pourquoi ?

La Russie est de tempérament universaliste. L'égalité était inscrite au cœur de la structure familiale des paysans russes, par une règle d'héritage absolument symétrisée. Sous Pierre le Grand, les nobles russes eux-mêmes avaient refusé la primogéniture, règle d'héritage favorisant le fils aîné au détriment de tous les autres. Comme les paysans français fraîchement alphabétisés de l'époque révolutionnaire, les paysans russes fraîchement alphabétisés du xxᵉ siècle ont spontanément perçu les hommes comme a priori égaux. Le communisme s'est affirmé comme une doctrine universelle, offerte au monde, pour son malheur je le reconnais. Cette approche universaliste a permis la transformation de l'empire russe en Union soviétique. Le bolchevisme a aspiré vers ses cercles dirigeants les minorités de l'empire : baltes, juifs, géorgiens, arméniens. Comme la France, la Russie a séduit par sa capacité à considérer tous les hommes comme égaux.

Le communisme est tombé. Le fonds anthropologique de l'ancien espace soviétique se transforme, mais lentement. La nouvelle démocratie russe, si elle réussit, gardera certaines spécificités que nous devons imaginer si nous voulons anticiper son comportement à venir sur la scène internationale. L'économie russe libéralisée ne sera jamais un capitalisme individualiste à l'anglo-saxonne. Elle gardera des traits communautaires, créant des formes associatives horizontales qu'il est encore trop tôt pour définir. Le système politique ne fonctionnera vraisemblablement pas sur le modèle de l'alternance bipartisane américaine ou anglaise. Qui veut spéculer sur la forme future de la Russie a tout intérêt à lire d'abord l'ouvrage classique d'Anatole Leroy-Beaulieu sur *L'empire des tsars et les Russes*, datant de 1897-1898[1], pour y trouver la description exhaustive de comportements et d'institutions de sensibilité communautaire, vingt à quarante ans *avant* le triomphe du communisme.

L'approche universaliste de la politique internationale subsistera, avec des réflexes, des réactions instinctives proches de celles de la France, lorsque celle-ci, par exemple, irrite les États-Unis par son approche « égalitaire » de la question israélo-palestinienne. Les Russes, au contraire des Américains, n'ont pas dans la tête l'a priori d'une limite séparant les hommes de plein droit des autres, les Indiens, les Noirs ou les Arabes. Ils n'ont d'ailleurs pas, depuis le XVIIe siècle et la conquête de la Sibérie, exterminé leurs Indiens, — Bachkirs, Ostiaks, Maris, Samoyèdes, Bouriates, Toungouses, Yakoutes, Youkaghirs et Tchouktches —, dont la survie explique la structure complexe de la Fédération de Russie.

Le tempérament universaliste russe manque cruellement à la politique internationale ces temps-ci. La disparition de la puissance soviétique, qui imprimait une marque égalitaire aux relations internationales, explique en partie le déchaînement des tendances différentialistes, américaine, israélienne ou autres. La petite musique universaliste de la France ne pèse pas bien lourd en l'absence de la puissance

---

1. Pour son édition définitive. La première édition date de 1881-1882. Réédition récente dans la collection « Bouquins », Robert Laffont, 1990.

russe. Le retour de la Russie dans le champ des rapports de force internationaux ne peut être qu'un atout pour l'Organisation des Nations unies. Si la Russie ne sombre pas dans l'anarchie ou l'autoritarisme, elle peut devenir un facteur d'équilibre fondamental : une nation forte, sans être hégémonique, exprimant une perception égalitaire des rapports entre les peuples. Cette posture sera d'autant plus facile qu'elle ne dépend pas économiquement, comme les États-Unis, d'un prélèvement asymétrique sur le monde, de marchandises, de capitaux ou de pétrole.

L'autonomie stratégique

Compte tenu de ses difficultés persistantes dans les domaines démographique et sanitaire on ne peut considérer le redémarrage de la Russie comme un élément définitif du nouveau paysage mondial. Mais on doit néanmoins pousser jusqu'au bout l'hypothèse et examiner ce que seraient les atouts spécifiques d'une économie russe rétablie dans ses équilibres et ses possibilités de croissance. Une constatation s'impose alors immédiatement : la Russie serait une puissance économique tout à fait particulière, combinant un niveau de formation relativement élevé de sa population active à une totale indépendance énergétique. Une comparaison avec le Royaume-Uni, détenteur de ressources pétrolières dans la mer du Nord, serait superficielle. Les productions pétrolière et surtout gazière de la Russie en font un acteur mondial sur le plan énergétique. On ne doit pas non plus oublier que la taille de son territoire lui assure d'autres ressources naturelles en quantités immenses. *Face aux États-Unis dépendants, la Russie est définie par la nature comme indépendante du monde.* Sa balance commerciale est excédentaire.

Cette situation ne doit rien aux choix des hommes. Elle pèse cependant sur la définition des systèmes sociaux : la masse territoriale russe, ses richesses minières et énergétiques avaient rendu possible la conception stalinienne du socialisme dans un seul pays. À l'heure du débat sur la globalisation et l'interdépendance universelle, la Russie pourrait émerger, selon un scénario intégrant toutes les hypothèses les plus favorables, comme une démocratie immense, équilibrant ses comptes extérieurs et pourvue d'une autonomie énergétique, bref, dans un monde dominé par les États-Unis, l'incarnation d'une sorte de rêve gaulliste.

Si nous expliquons une partie de la fébrilité des dirigeants de Washington par l'incertitude où ils se trouvent quant à l'approvisionnement à moyen terme de l'Amérique, en marchandises et en capitaux autant qu'en pétrole, nous pouvons, par symétrie, imaginer la tranquillité d'esprit future des dirigeants russes : ils savent que, s'ils arrivent à stabiliser les institutions et les frontières, en Tchétchénie ou ailleurs, ils ne dépendront plus de personne. Ils disposent au contraire déjà d'un atout rare : l'exportation de pétrole et surtout de gaz naturel. La faiblesse structurelle de la Russie est démographique mais cette faiblesse, on le verra, peut devenir un atout. Assez ironiquement, tout cela ferait de la Russie décommunisée une nation particulièrement rassurante parce que non dépendante de l'énergie du reste du monde, face à des États-Unis inquiétants parce que prédateurs.

Recentrer les Russies

Le problème prioritaire de la Russie, cependant, n'est pas celui de son image à l'étranger mais la récupération d'un espace stratégique propre, ni intérieur ni extérieur à proprement parler. L'ancienne Union soviétique avait une struc-

ture bien particulière, pour une part héritée de l'époque tsa-
riste et dont on ne peut pour cette raison exclure qu'elle
présente un degré de permanence légèrement supérieur à
celui du communisme. Autour de la Russie, deux couronnes
pouvaient être distinguées : d'abord, un cœur « slave », ou
plutôt « russe au sens large », correspondant à l'expression
traditionnelle « toutes les Russies », qui ajoutait au pays
central la Biélorussie et l'Ukraine ; ensuite ce qui correspond au reste de la Communauté des États indépendants,
au Caucase et en Asie centrale. Le redémarrage de l'économie russe pourrait peu à peu redonner vie à cet ensemble et
recréer pour ainsi dire l'ancienne sphère d'influence russe,
sans que l'on puisse pour autant parler d'une domination
au sens habituel.

Cette dynamique, si elle s'enclenche, devrait d'ailleurs
autant à l'incapacité des économies occidentales, très affai-
blies par la dépression capitaliste, à occuper l'espace laissé
vacant pendant une décennie, qu'à la reprise économique
dans le cœur russe du système. Seules les trois républiques
baltes sont vraiment enchaînées dans l'espace européen, ou
plus précisément, scandinave. La réémergence de la sphère
« soviétique » n'est pas plus certaine que le redémarrage
définitif de la Russie ; mais on peut déjà voir que ce redémarrage n'aurait pas à être bien spectaculaire pour que le
recentrage se produise. Il existe, entre toutes les nations
nées de la ruine de l'URSS, des affinités anthropologiques
remontant à une époque bien antérieure au communisme.

Tous les pays de la sphère *sans exception* avaient des
structures familiales communautaires, associant, dans le
cadre de la société traditionnelle, un père et ses fils mariés.
Cela vaut pour les Baltes comme pour les peuples du Caucase ou de l'Asie centrale. La seule différence observable
est la préférence endogame, parfois faible, de certaines
populations islamisées comme les Azéris, les Ouzbeks,

les Kirghizes, les Tadjiks, les Turkmènes. Les Kazakhs sont en revanche exogames comme les Russes. Cette parenté « anthropologique » ne peut en aucune manière conduire à une négation de l'existence des peuples. Les Lettons, les Estoniens, les Lituaniens, les Géorgiens, les Arméniens, tous comme les peuples musulmans existent, même si les nations nées de la décomposition du communisme doivent souvent beaucoup en Asie centrale, ainsi que l'a expliqué Olivier Roy, à une « fabrication » politique par le soviétisme[1]. Mais il faut savoir que de réelles affinités culturelles existent toujours entre les peuples de l'ancienne Union soviétique, en particulier l'existence partout d'une sensibilité communautaire. Le progrès de la démocratie dans la zone s'effectue sur fond de résistance à tout individualisme trop violent.

Cette parenté anthropologique nous permet d'ores et déjà d'expliquer un phénomène récent et de prévoir un phénomène futur, concernant le développement de la société postcommuniste sur le territoire de l'ancienne URSS.

Phénomène récent : la révolution libérale est née dans le cœur dirigeant du système, en Russie, et n'a pas atteint aussi vite sa périphérie, ces républiques où l'individualisme n'est pas plus « naturel » qu'en Russie. L'indépendance des républiques périphériques, slaves ou non slaves, les a protégées de cette deuxième révolution russe, libérale, et y a encouragé la fossilisation des régimes plus autoritaires que celui de la Russie.

Phénomène prévisible : les progrès futurs de la démocratie dans les couronnes extérieures de l'ensemble russe devront beaucoup à la pesée russe, autant ou plus qu'à une influence occidentale faible et mal adaptée. La Russie est en train de chercher et de définir la voie de sortie du commu-

---

1. Olivier Roy, *La nouvelle Asie centrale ou la fabrication des nations*, Le Seuil, 1997.

nisme, la définition d'un régime économique et politique libéralisé mais capable de tenir compte d'une forte sensibilité communautaire. En ce sens restreint elle pourrait redevenir un modèle pour la zone.

L'existence d'un fonds anthropologique commun à toutes les républiques de l'ancienne URSS explique pourquoi il est encore facile de déceler des faits culturels semblables dans toutes les zones, dans le domaine de la violence par exemple, suicidaire autant qu'homicide. Les seuls pays présentant une mortalité violente aussi spectaculaire que la Russie sont l'Ukraine, la Biélorussie, le Kazakhstan et les trois républiques baltes — Estonie, Lettonie et Lituanie. Le parallélisme est si fort qu'il ne peut être expliqué complètement par la présence de minorités russes, même lorsque celles-ci sont très nombreuses comme en Estonie et en Lettonie. Au niveau infra-étatique, et même infrapolitique des mentalités, la sphère soviétique n'est pas encore complètement défaite.

Lors de leur indépendance, les républiques baltes se sont empressées de s'inventer une histoire d'opposition éternelle à la Russie, peu réaliste du point de vue de l'analyse anthropologique. La Russie du Nord et centrale, lieu de naissance de l'État russe, et les républiques baltes relèvent d'une même sphère culturelle originelle, fortement communautaire, par la structure familiale comme par les aspirations idéologiques durant la transition vers la modernité. La carte du vote bolchevique, lors des élections à l'Assemblée constituante de 1917, montre que l'électorat communiste était encore plus puissant en Lettonie qu'en Russie du Nord et en Russie centrale. La contribution des Lettons à la police secrète soviétique fut dès l'origine appréciable. Il n'est donc pas vraiment surprenant d'observer, à travers des paramètres révélateurs de mentalités, taux d'homicide et de suicide, une proximité persistante des cultures russe et balte.

Le taux de suicide de l'Azerbaïdjan, insignifiant, est en revanche typique d'un pays musulman, puisque l'islam et la structure familiale close et chaleureuse qui lui correspond souvent semblent conférer toujours une immunité à l'auto-destruction. Mais les taux des autres anciennes républiques musulmanes d'Asie centrale sont « trop » élevés pour des pays musulmans, y compris celui du Kazakhstan où la moitié de la population est russe. Un telle déviation suggère une empreinte soviétique plus importante qu'on ne le dit généralement. Ce fait doit être ajouté à la complète alphabétisation, à la faible fécondité et à l'insignifiance de l'islamisme en Asie centrale postsoviétique. Olivier Roy, dans ses travaux remarquables, sous-estime peut-être l'imprégnation culturelle russe dans la région. Il ne relève guère comme trace de persistance que celle de la langue russe, *lingua franca* des classes dirigeantes d'Asie centrale, phénomène qu'il considère comme temporaire[1]. Sans croire une minute en l'hypothèse inverse d'une survie souterraine de la sphère soviétique, j'y avancerais avec plus de prudence si j'étais un géostratège américain. Les 1 500 soldats positionnés par Washington en Ouzbékistan sont bien peu de chose et bien loin de leur monde. Fer de lance aujourd'hui, ils pourraient se retrouver otages demain.

La question ukrainienne

Entre 1990 et 1998, la décomposition de la Russie avait été très loin, conduisant à la perte de contrôle par l'État russe de populations ethniquement russes. Dans le cas des pays baltes, du Caucase et de l'Asie centrale, zones majoritairement non russes, le reflux peut être interprété comme

---

1. Olivier Roy, *La nouvelle Asie centrale, op. cit.*, et *L'Asie centrale contemporaine*, Presses universitaires de France, 2001.

Tableau 11. Homicide et suicide dans le monde
(pour 100 000 habitants)

	Homicide	Suicide	Total
Russie 1998	22,9	35,3	58,2
Biélorussie 1999	11,1	33,5	44,6
Ukraine 1999	12,5	28,8	41,3
Estonie 1999	16,1	33,2	49,3
Lettonie 1999	12,7	31,4	44,1
Lituanie 1999	8,0	42,0	50,0
Azerbaïdjan 1999	4,7	0,7	5,4
Kazakhstan 1999	16,4	26,8	43,2
Kirghizistan 1999	7,0	11,5	18,5
Ouzbékistan 1999	6,8	3,3	10,1
Tadjikistan 1995	6,1	3,4	9,5
Turkménistan 1998	8,4	6,9	15,3
Allemagne 1998	0,9	14,2	15,1
États-Unis 1998	6,6	11,3	17,9
Finlande 1998	2,4	23,8	26,2
France 1997	0,9	19,0	19,9
Hongrie 1999	2,9	33,1	36,0
Japon 1997	0,6	18,6	19,2
Royaume-Uni 1998	0,7	7,4	8,1
Suède 1996	1,2	14,2	15,4
Argentine 1994	4,6	6,4	11,0
Colombie 1994	73,0	3,2	76,2
Mexique 1995	17,2	3,2	20,4
Venezuela 1994	15,7	5,1	20,8

Source : *Annuaires démographiques des Nations unies.*

un retrait impérial ou une décolonisation. Dans le cas de la Biélorussie, de l'Ukraine et de la moitié nord du Kazakhstan, la Russie perdait une partie de sa sphère de domination traditionnelle. La Biélorussie n'a jamais existé en tant qu'entité étatique autonome. Le nord du Kazakhstan non plus, et dans ces deux cas, la perte de contrôle peut être considérée comme l'effet paradoxal d'une anarchie qui respecterait des frontières créées à l'époque soviétique. Le cas de l'Ukraine, avec ses trois sous-populations — ukrainienne uniate à l'ouest, ukrainienne orthodoxe au centre et russe à l'est — est plus complexe. Une sécession définitive pouvait être envisagée avec plus de réalisme. Mais Huntington a probablement raison contre Brzezinski lorsqu'il affirme que l'Ukraine est appelée à revenir dans l'orbite de la Russie. On ne peut cependant accepter son interprétation religieuse simpliste du phénomène. La dépendance de l'Ukraine à l'égard de la Russie résulte de permanences historiques autrement denses et subtiles.

Du point de vue de l'Ukraine, l'innovation est toujours venue de Russie. Nous sommes ici confrontés à une constante historique. La révolution bolchevique a pris naissance en Russie et plus spécifiquement dans sa partie historiquement dominante, un vaste espace autour de l'axe Moscou-Saint-Pétersbourg. Là était né l'État russe ; de là sont parties toutes les vagues modernisatrices, du XVIᵉ au XXᵉ siècle. C'est là encore que s'effectua la percée libérale des années 90. La mise à bas du communisme, la vague réformatrice qui se poursuit aujourd'hui ont pris naissance à Moscou et sont véhiculées par la langue russe. L'Ukraine, coupée de la Russie, ne peut qu'aller très lentement dans la voie des réformes, et ce, quelle que soit l'agitation idéologique et verbale entretenue par le Fonds monétaire international.

L'Ukraine n'est, historiquement et sociologiquement, qu'une zone mal structurée, floue, jamais à l'origine d'un phénomène important de modernisation. Elle est essentiellement une périphérie russe, soumise aux impulsions du centre, et à toutes les époques caractérisée par son conservatisme : antibolchevique et antisémite en 1917-1918, plus ancrée que la Russie dans le stalinisme depuis 1990. Les Occidentaux, trompés par son positionnement géographique à l'ouest et par la présence d'une grosse minorité religieuse uniate proche du catholicisme, n'ont pas compris que l'Ukraine, en déclarant son indépendance, s'isolait de la révolution démocratique moscovite et pétersbourgeoise, même si elle se mettait ainsi en situation d'obtenir des crédits occidentaux. N'exagérons pas, cependant, le conservatisme périphérique de l'Ukraine. Ses difficultés à sortir du pur présidentialisme autoritaire ne sont quand même pas comparables à celles du Kazakhstan ou de l'Ouzbékistan. Le scénario proposé par Brzezinski n'était cependant pas absurde. Il existe ce qu'il faut de différenciation culturelle vis-à-vis de la Russie pour que l'Ukraine s'autodéfinisse comme spécifique. Mais, dépourvue de dynamique propre, l'Ukraine ne peut échapper à la Russie qu'en passant dans l'orbite d'une autre puissance. La puissance américaine est trop lointaine et trop immatérielle pour servir de contrepoids à la Russie. L'Europe est une puissance économique réelle, avec en son cœur l'Allemagne. Elle n'est pas un pôle de puissance militaire et politique. Mais si l'Europe veut le devenir, il n'est pas de son intérêt de satelliser l'Ukraine, parce qu'elle aura besoin d'un pôle d'équilibre russe pour s'émanciper de la tutelle américaine.

Nous pouvons mesurer ici l'inexistence concrète, économique, des États-Unis au cœur de l'Eurasie : la puissance de leur verbe ne peut y compenser l'immatérialité de leur production, particulièrement pour un pays en développement comme l'Ukraine. Si l'on met de côté ses exportations militaires et quelques ordinateurs, l'Amérique n'a pas grand-chose à proposer. Elle n'exporte pas les biens de production et de consommation dont les Ukrainiens ont besoin. Quant au capital financier, elle l'absorbe au contraire, privant le monde en développement des ressources dégagées par le Japon et l'Europe. Tout ce que peut faire l'Amérique, c'est donner l'illusion de la puissance financière à travers le contrôle politique et idéologique du Fonds monétaire international et de la Banque mondiale, deux institutions dont, soit dit en passant, la Russie, elle, peut désormais se passer, grâce à ses excédents commerciaux.

L'Amérique peut bien entendu s'offrir pour consommer les biens éventuellement produits par l'Ukraine, en les payant avec l'argent pompé en Europe, au Japon ou ailleurs. Mais les échanges commerciaux révèlent surtout la dépendance de l'Ukraine à l'égard de la Russie et de l'Europe et l'extériorité des États-Unis. En 2000, l'Ukraine a importé pour 8040 millions de dollars de la Communauté des États indépendants, pour 5916 millions de dollars du reste du monde, principalement d'Europe[1]. Les 190 millions de biens et services en provenance des États-Unis représentaient 1,4 % du total[2]. L'Ukraine a exporté, durant la même année, pour 4498 millions de dollars vers la CEI et 10075 millions vers le reste du monde, dont 872 seulement vers les États-Unis, 6 % du total. L'Ukraine ne couvre ses échanges avec la CEI que pour 56 %, mais elle est excédentaire vis-à-vis du reste du monde, avec un taux de couverture de 170 %.

C'est ici qu'apparaît le plus nettement l'immatérialité de l'empire américain : les États-Unis ne couvrent leurs importations venant d'Ukraine qu'à 22 %. Ne négligeons pas l'aspect dynamique du processus : dans leur commerce avec l'Ukraine, les États-Unis ne sont déficitaires que depuis 1994. En 1992 et 1993, ils avaient dégagé un léger excédent. La consommation est de plus en plus clairement la spécialisation fondamentale de l'économie américaine dans le système international. Les États-Unis ne sont plus, c'est le moins qu'on puisse dire, dans la situation de surproductivité de l'immédiat après-guerre et c'est pourquoi ils n'ont pu être les dispensateurs du nouveau plan Marshall dont

---

1. La Documentation française, *Le Courrier des Pays de l'Est*, n° 1020, novembre-décembre 2001, p. 175.
2. U.S. Census Bureau, http://www.census.gov/foreign-trade/balance/c4623.html

les pays sortant du communisme auraient eu besoin. Ils sont, dans l'ancienne sphère soviétique comme ailleurs, prédateurs. Notre seule certitude concernant l'Ukraine est qu'elle ne va pas se déplacer. Son rapprochement avec la Russie est vraisemblable, tout comme l'impossibilité d'une reprise en main pure et simple par Moscou. La Russie, si son économie redémarre, va redevenir le centre de gravité d'un espace plus vaste qu'elle. La Communauté des États indépendants pourrait devenir une forme politique réelle et nouvelle, combinant leadership russe et autonomie de plusieurs couronnes successives. La Biélorussie serait annexée de fait, l'Ukraine resterait réellement autonome, mais redeviendrait une seconde Russie, petite ou nouvelle. La notion de « toutes les Russies » réémergerait dans la conscience des acteurs locaux et internationaux. L'Arménie, au-delà du Caucase, garderait son statut d'alliée, verrouillée à la Russie par la peur de la Turquie, alliée privilégiée, pour quelques années encore, des États-Unis. La Géorgie rentrerait dans le rang. Les républiques d'Asie centrale reviendraient explicitement sous influence, le Kazakhstan mi-russe occupant évidemment une place particulière dans le dispositif. La réémergence de la Russie comme acteur économique et culturel dynamique dans cette région mettrait évidemment les troupes positionnées par les États-Unis en Ouzbékistan et au Kirghizistan dans une situation étrange, l'expression corps étranger prenant alors tout son sens. Ce processus de réorganisation créerait immédiatement à l'est de la Communauté européenne élargie une deuxième entité plurinationale, pourvue elle d'une force directrice centrale, la Russie. Mais dans les deux cas le caractère complexe du système politique rendrait tout comportement réellement agressif difficile, et toute entrée dans un conflit militaire majeur extrêmement problématique.

La faiblesse comme atout

Le portrait que j'ai tracé d'une Russie idéale et nécessaire au monde force un peu le trait. C'est une nation virtuelle qui vient d'être décrite. Pour le moment, on l'a vu, la violence privée est en Russie l'une des plus élevées du monde ; l'État s'y bat pour maintenir sa capacité à prélever l'impôt, pour préserver l'intégrité de sa frontière caucasienne. Il subit l'encerclement, provocateur plutôt qu'effectif, des Américains en Géorgie et en Ouzbékistan. La presse du monde occidental, au nom d'un angélisme pervers, reproche à la Russie ses médias bridés, ses groupes de jeunes d'extrême droite, bref toutes les imperfections d'une nation qui se relève dans la douleur ; beaucoup de nos médias, trop habitués à la douceur du surdéveloppement, se complaisent dans l'image d'une Russie inquiétante.

Les stratèges américains, quant à eux, ne cessent d'expliquer que, pour assurer notre sécurité à long terme, nous devons bien faire comprendre aux Russes que leur phase impériale est terminée. Ce faisant, ils révèlent sans doute surtout les préoccupations impériales des États-Unis eux-mêmes. Aucune spéculation intellectuelle de haut niveau n'est nécessaire pour comprendre que la Russie n'est plus une puissance en expansion. Quelle que soit la forme, démocratique ou autoritaire, prise par son régime, la Russie est en régression démographique. Sa population diminue, vieillit, et ce seul fait nous autorise à percevoir cette nation comme un facteur de stabilité plutôt qu'une menace.

D'un point de vue américain, ce mouvement démographique a produit un paradoxe assez curieux. Dans un premier temps, la contraction de la population russe, s'ajoutant à l'effondrement de l'économie, a fait des États-Unis l'unique superpuissance et les a lancés dans le rêve d'un empire impossible. Alors est montée la tentation d'achever l'ours russe. Dans un deuxième temps, il apparaît peu à peu au monde qu'une Russie diminuée, non seulement n'est plus inquiétante, mais devient comme automatiquement un partenaire d'équilibre face à une Amérique trop puissante, trop prédatrice et trop erratique dans son jeu international. C'est ce qui a permis à Vladimir Poutine de déclarer à Berlin : « Personne ne met en doute la grande valeur pour l'Europe de ses relations avec les États-Unis. Mais je pense que l'Europe consoliderait sa réputation en tant que puissance mondiale véritablement indépendante... si elle associait ses capacités à celles de la Russie — avec les ressources humaines, territoriales et naturelles, avec le potentiel économique, culturel et de *défense* de la Russie. » C'est moi qui souligne.

Au fond, nous ne sommes pas absolument sûrs que la Russie va mettre en place une société démocratique, qu'elle va illustrer pour toujours, ou du moins pour longtemps, le rêve de Fukuyama d'une universalisation de la société libérale. En ce sens politique elle n'est pas absolument fiable. Mais elle est fiable sur le plan diplomatique pour deux raisons essentielles. D'abord parce qu'elle est faible. C'est paradoxalement, s'ajoutant à la stabilisation interne de son pays, l'atout majeur de Vladimir Poutine, qui lui permet de se réinsérer en tant qu'allié potentiel dans le jeu des Européens. Mais la Russie est également fiable parce que, libérale ou non, elle est de tempérament universaliste, capable de percevoir de façon égalitaire, juste, les rapports internationaux. Couplé à la faiblesse, qui interdit les rêves de domination, l'universalisme russe ne peut que contribuer positivement à l'équilibre du monde.

Cette vision très optimiste de la Russie comme pôle d'équilibre ne serait même pas nécessaire à un « réaliste » de l'école américaine classique, kissingérien ou non. Pour le réaliste stratégique, le contrepoids militaire n'a pas à être moralement bon.

Les Grecs, finalement las de la puissance athénienne, finirent par appeler à leur secours Sparte, qui n'était pas un modèle de démocratie et de liberté mais avait la seule qualité de refuser toute expansion territoriale. Ainsi finit l'empire athénien, brisé par les Grecs et non par les Perses. Il serait ironique de voir dans les années qui viennent la Russie jouer le rôle de Sparte, cité oligarchique appelée à défendre la liberté, après avoir joué celui de la Perse, empire multiethnique menaçant toutes les nations. Aucune comparaison ne saurait être poussée trop loin : le monde d'aujourd'hui est trop vaste et complexe pour autoriser une nouvelle guerre du Péloponnèse. Tout simplement parce que l'Amérique n'a pas les moyens économiques, militaires ou idéologiques d'empêcher ses alliés européens et japonais de reprendre leur liberté s'ils le désirent.

CHAPITRE 8

L'émancipation de l'Europe

Dans un premier temps, l'attentat du 11 septembre a été, pour les Européens, l'occasion d'une belle démonstration de solidarité. Leurs dirigeants ont tenu à engager formellement l'Otan, alliance défensive dirigée contre des États, dans une bien mal définie « lutte contre le terrorisme ». Durant l'année qui a suivi, on a pourtant assisté à une dégradation continuelle des rapports entre Européens et Américains, aussi mystérieuse en apparence dans ses causes profondes qu'inexorable dans son développement. La violence de l'action terroriste avait été le révélateur d'une solidarité. La guerre américaine contre le terrorisme, brutale et inefficace dans ses méthodes, obscure dans ses buts réels, a fini par être le révélateur d'un véritable antagonisme entre l'Europe et l'Amérique. La dénonciation inlassable d'un « axe du mal », le soutien constant à Israël, le mépris des Palestiniens ont progressivement changé la perception européenne des États-Unis. Jusque-là facteur de paix, l'Amérique devenait fauteur de trouble. Les Européens, longtemps enfants loyaux d'une puissance paternelle respectée, ont fini par soupçonner l'autorité suprême d'une irresponsabilité peut-être dangereuse. Et l'on a vu l'impensable se produire, l'émergence progressive, certes inachevée, d'une sensibilité internationale commune aux Français, aux Allemands et aux Britanniques.

Venant des Français, la méfiance à l'égard des États-Unis ne peut être considérée comme une nouveauté. L'évolution des Allemands, elle, est stupéfiante. L'obéissance des dirigeants du protectorat principal à l'ouest, instrument indispensable de la pesée américaine sur le continent, allait de soi pour les dirigeants de Washington. Cette croyance implicite s'ancrait dans un double non-dit : les États-Unis ont écrasé l'Allemagne sous les bombes entre 1943 et 1945 et les Allemands sont des gens obéissants par nature qui se soumettent au plus fort ; ils sont par ailleurs reconnaissants aux Américains de les avoir protégés contre le communisme et d'avoir autorisé leur développement économique. La loyauté de l'Allemagne semblait assurée pour l'éternité par un rapport de force et d'intérêt bien compris.

L'hésitation nouvelle de l'allié britannique n'est pas moins surprenante. L'alignement de la Grande-Bretagne sur les États-Unis était pour les analystes stratégiques américains un fait de nature, pour ainsi dire congénital, résultant d'une communauté de langue, de tempérament et de civilisation. La désinvolture de Brzezinski lorsqu'il évoque l'appui britannique est caractéristique. L'émergence d'un nouvel antiaméricanisme anglais, à gauche et à droite du spectre politique, est un phénomène paradoxal puisqu'il intervient au lendemain immédiat d'un engagement sans précédent aux côtés des États-Unis. Le Royaume-Uni avait quand même réussi à se tenir hors de la guerre du Vietnam. Mais ce paradoxe d'un rapprochement et d'un éloignement se succédant à bref intervalle est classique ; il a touché à des degrés divers toutes les nations européennes : en se rapprochant un peu trop de quelque chose ou de quelqu'un on prend conscience d'une différence insupportable.

Des analyses détaillées de la presse de chacun des pays du Vieux Continent, membres de l'Alliance atlantique, illus-

treraient la montée de sentiments de crainte, puis d'exaspération. Il est cependant plus simple de démontrer le retournement affectif par ses effets. À la grande fureur des dirigeants militaires et civils américains, les Européens ont fini
par se mettre d'accord sur la fabrication d'un Airbus destiné
au transport militaire. Ils ont également lancé le projet
Galileo de repérage par satellite destiné à briser le monopole du système américain GPS. On a vu à cette occasion la
force économique et technologique concrète de l'Europe,
puisque cette décision nécessite la mise en orbite d'une tren-
taine de satellites. Lorsqu'elle le veut, c'est-à-dire lorsque
les Allemands, les Britanniques et les Français sont d'accord, l'Europe peut. En juin 2002, l'Europe, avec l'accord
du Royaume-Uni et de l'Allemagne, se révèle même
capable de menacer les États-Unis de mesures de rétorsion
détaillées après l'élévation de leurs droits de douane sur
l'acier. Les conférences internationales sont désormais rem-
plies de responsables américains — universitaires, militaires
ou journalistes — amers, pour ne pas dire aigris, reprochant
aux Européens, explicitement, leur incompréhension ou
leur déloyauté, implicitement, leur richesse, leur puissance
et leur croissante autonomie.

On ne peut expliquer cette évolution par les événements
d'une seule année, qui ne constituent que la surface des
choses. Décrire les mésententes politiques récentes, c'est
étudier les mécanismes d'une prise de conscience plutôt que
la substance de l'antagonisme. Des forces profondes sont
à l'œuvre. Certaines rapprochent les Européens des Américains, et d'autres les éloignent. L'analyse est compliquée
par un aspect important du processus en cours : *les forces
de rapprochement et de dissociation augmentent simultanément.* En Europe, un désir de fusion avec les États-Unis
qui s'accroît est combattu, de plus en plus efficacement,
par un besoin de dissociation qui progresse encore plus

fortement. Ce genre de tension est typique de l'approche d'un divorce.

Les deux options : intégration impériale ou indépendance ?

Depuis la guerre, le rapport des dirigeants européens aux États-Unis est ambivalent, tout comme le rapport des dirigeants de Washington à la construction européenne. Les Américains avaient besoin d'une réconciliation franco-allemande pour assurer la cohérence de l'Alliance atlantique sur le continent, face aux Russes ; mais ils n'avaient cependant jamais envisagé que la réconciliation conduise à la naissance d'une entité stratégique concurrente. Leur glissement, de la sympathie et des encouragements à la méfiance, puis à l'aigreur, enfin à l'opposition est un processus compréhensible.

Les responsables européens, quant à eux, ont très raisonnablement ressenti le besoin de la protection américaine au lendemain du coup de Prague et de la soviétisation de l'Europe orientale. La gueule de bois de la Seconde Guerre mondiale passée, le communisme tombé, ils ne peuvent qu'être repris par le doute et la nostalgie de l'indépendance. Après tout, du point de vue de chacune des classes dirigeantes du Vieux Continent, chacune des histoires nationales européennes est plus épaisse, plus riche et plus intéressante que celle des États-Unis, longue de trois siècles seulement. Le rattrapage par les Européens du niveau de vie américain ne pouvait que raviver un sentiment de doute sur la légitimité du leadership des États-Unis et donner de la substance au mouvement d'émancipation. Tout cela s'applique, sans modification aucune, au Japon, de l'autre côté de l'Eurasie.

Mais des forces contradictoires poussant à l'intégration totale au système américain sont également apparues dans les vingt dernières années. La révolution libérale (réaction ultralibérale dans la terminologie de gauche) a produit dans les sphères supérieures européennes comme une nouvelle tentation. Le monde développé est, on l'a vu, travaillé par une montée des tendances oligarchiques. Les nouvelles forces sociales en émergence ont besoin d'un leader. Au moment même où leur rôle militaire cesse d'apparaître nécessaire, les États-Unis deviennent le champion planétaire d'une révolution inégalitaire, d'une mutation oligarchique dont on peut concevoir qu'elle séduise les classes dirigeantes de toutes les sociétés du monde. Ce que l'Amérique propose désormais, ce n'est plus la protection de la démocratie libérale, c'est plus d'argent et plus de pouvoir pour ceux qui sont déjà les plus riches et les plus puissants.

Les dirigeants européens des années 1965-2000 n'ont pas choisi entre les deux options, entre intégration et émancipation. Ils ont simultanément libéralisé l'économie et unifié le continent, plaçant ainsi les Américains dans une situation originale au début du xxıe siècle : celle de ne pas savoir si leurs dépendants sont des traîtres ou de loyaux sujets. L'Europe est devenue, ainsi qu'ils le désiraient, une zone de libre-échange, dépourvue de protection tarifaire si l'on met de côté les restes de la politique agricole commune. Mais l'euro existe et sa plongée de 25 % face au dollar entre sa naissance et février 2002 a, pendant un temps, rétabli *dans les faits* une protection de l'économie européenne, vis-à-vis des États-Unis, en baissant tous ses prix à l'exportation et en élevant tous les prix des produits américains à l'importation d'un pourcentage équivalent. Les hurlements des responsables et des journalistes du Vieux Continent lors de l'établissement par le gouvernement Bush, durant la première moitié de l'année 2002, de tarifs protecteurs sur l'acier et de subventions à l'agriculture suggèrent que les dirigeants européens ne sont pas absolument conscients des conséquences de leurs actes. Ils ne veulent pas voir que l'euro agit déjà tout seul contre les États-Unis, par sa baisse au début, comme par sa hausse dans une phase ultérieure, *parce qu'ils n'ont pas véritablement choisi entre intégration au système américain et émancipation.*

L'option « intégration impériale » impliquerait du point de vue des classes dirigeantes européennes une double révolution mentale : un enterrement de la nation et un mariage impérial ; d'une part, une renonciation à défendre l'indépendance de leurs peuples, mais en contrepartie, pour ce qui les concerne, une intégration de plein droit à la classe dirigeante américaine. C'était la pulsion d'une bonne partie des élites françaises et européennes le 11 septembre, lorsque tout le monde se sentait « américain ». C'était le fantasme de Jean-Marie Messier.

La spoliation de plus en plus fréquente des Européens aisés par Wall Street, les entreprises et les banques américaines rend cette option de moins en moins attrayante. Surtout, l'émergence à la droite du spectre politique américain d'une véritable europhobie conduit à se demander si les États-Unis ne sont pas sur le point de régler la question eux-mêmes en faisant comprendre à leurs alliés qu'il n'est pas question qu'ils soient à l'avenir autre chose que des citoyens de deuxième zone. Le regain du différentialisme américain ne touche pas, négativement, que les Noirs, les Hispaniques et les Arabes. À un degré moindre, il concerne aussi les Européens et les Japonais.

L'option « émancipation » résulterait de la puissance économique objective du continent, de la reconnaissance de valeurs communes distinctes de celles de l'Amérique.

Elle suppose à l'Europe une capacité à assurer seule sa défense militaire. L'option est réaliste à très court terme. L'Europe est plus puissante industriellement que les États-Unis. Elle n'a plus à craindre militairement une Russie très affaiblie. Elle devrait cependant, *ce qui n'est jamais dit*, atteindre une véritable autonomie stratégique en élevant sa capacité de frappe nucléaire. Cependant, l'équilibre de la terreur qui existe toujours de fait entre les États-Unis et la Russie lui donne largement le temps de réaliser cet accroissement de potentiel si elle le désire. Le seul problème de fond que connaît l'Europe est son déficit démographique et donc son affaiblissement tendanciel, non par rapport à la Russie, mais par rapport aux États-Unis.

Présenter des options, c'est suggérer la possibilité d'un choix. C'est imaginer des classes dirigeantes transformées en acteurs conscients, pour ainsi dire anthropomorphes, décidant en fonction de leurs intérêts, de leurs goûts, de leurs valeurs d'une direction à suivre. De pareilles merveilles ont sans doute existé dans l'histoire : le Sénat de la République romaine, les leaders de la démocratie athénienne à l'époque de Périclès, la Convention en France en 1793, les élites impériales victoriennes au temps de Gladstone et Disraeli, l'aristocratie prussienne sous Bismarck. Nous ne vivons pas l'une de ces grandes époques. On peut à la rigueur évoquer une conscience de ce type pour les classes supérieures de l'Amérique actuelle, avec certaines réserves puisque l'option retenue, quand il y a choix, est toujours la solution de facilité dont on ne peut affirmer qu'elle est vraiment un choix. Mais dans le cas des classes dirigeantes européennes qui gardent une certaine capacité à prendre des décisions difficiles, contraignantes, la fragmentation nationale exclut a priori toute illusion quant à l'existence d'une pensée collective.

Ce sont des facteurs lourds et inconscients qui vont décider des positions, l'une par rapport à l'autre, de l'Europe et de l'Amérique. La force des choses, comme on disait autrefois, va séparer l'Europe de l'Amérique.

Conflit de civilisation entre l'Europe et les États-Unis

Les forces de dissociation cependant ne sont pas qu'économiques. La dimension culturelle joue son rôle, sans d'ailleurs que l'on puisse distinguer complètement la culture de l'économie. L'Europe est dominée par des valeurs d'agnosticisme, de paix et d'équilibre, étrangères ces jours-ci à la société américaine.

Là est probablement l'erreur la plus énorme de Huntington, lorsqu'il veut restreindre la sphère de domination américaine à ce qu'il appelle l'Occident. Cherchant un habillage de civilisation à l'agressivité américaine, il cible le monde musulman, la Chine confucéenne et la Russie orthodoxe mais postule l'existence d'une « sphère occidentale » dont la nature est très incertaine, même au regard de ses propres critères. Cet Occident de bazar soude catholiques et protestants en un système culturel et religieux unique. Cette fusion est choquante pour qui a travaillé sur l'opposition des théologies et des rituels, ou plus simplement sur les luttes sanglantes entre les croyants des deux religions aux XVIᵉ et XVIIᵉ siècles.

Laissant de côté l'infidélité de Huntington à sa propre variable, la religion, il est surtout presque trop facile de mettre en évidence une opposition latente entre Europe et Amérique en partant de ce même critère, utilisé cette fois correctement et au présent. L'Amérique est gavée de phraséologie religieuse, la moitié de ses habitants disent aller à l'office du week-end, et un quart y vont effectivement. L'Europe, elle, est un espace d'agnosticisme où la pratique religieuse tend vers zéro. Mais l'Union européenne applique mieux le commandement biblique du « Tu ne tueras point ». La peine de mort y est abolie et les taux d'homicide y sont très bas, proches de 1 pour 100 000 habitants par an. L'exécution de condamnés est un fait de routine aux États-Unis où le taux d'homicide, après une légère décrue, reste compris entre 6 et 7 pour 100 000 habitants. L'Amérique fascine par sa différence autant ou plus que par son universalité. Sa violence paraît intéressante au cinéma, insupportable lorsqu'elle est exportée sous forme d'action diplomatique et militaire. L'univers des différences culturelles entre Européens et Américains est presque infini, mais un anthropologue se doit de mentionner le statut de la femme américaine, castratrice et menaçante, aussi inquiétant pour les mâles européens que la toute-puissance de l'homme arabe l'est pour les femmes européennes.

Il faut surtout évoquer ce qu'il y a de plus profond, de plus ancien dans la divergence des conceptions américaines et européennes : le processus même de constitution des sociétés, niveau d'analyse où l'on ne peut plus guère distinguer les mœurs de l'économie et auquel convient mieux le concept de civilisation.

Les sociétés européennes sont nées du labeur de générations de paysans misérables. Elles ont souffert des siècles durant des habitudes guerrières de leurs classes dirigeantes. Elles n'ont découvert que tardivement la richesse et la paix. On peut en dire autant du Japon et de la plus grande partie des pays de l'Ancien Monde. Toutes ces sociétés conservent, dans une sorte de code génétique, une compréhension instinctive de la notion d'équilibre économique. Sur le plan de la morale pratique on y associe encore les notions de travail et de récompense, sur le plan comptable celles de production et de consommation.

La société américaine est en revanche le produit récent d'une expérience coloniale très réussie mais non testée par le temps : elle s'est développée en trois siècles par l'importation sur un sol doté de ressources minérales immenses, très productif sur le plan agricole parce que vierge, d'une population déjà alphabétisée. L'Amérique n'a vraisemblablement pas compris que sa réussite résulte d'un processus d'exploitation et de dépense sans contrepartie de richesses qu'elle n'avait pas créées.

La bonne compréhension qu'ont les Européens, les Japonais ou n'importe quel peuple de l'Eurasie de la nécessité d'un équilibre écologique ou d'un équilibre de la balance commerciale est le produit d'une longue histoire paysanne. Dès le Moyen Âge, Européens, Japonais, Chinois et Indiens, par exemple, ont dû lutter contre l'épuisement des sols, constater dans les faits la rareté des ressources naturelles. Aux États-Unis, une population libérée du passé a découvert une nature en apparence inépuisable. L'économie a cessé d'y être la discipline qui étudie l'allocation optimale des ressources rares, pour y devenir la religion d'un dynamisme qui se désintéresse de la notion d'équilibre. Le refus par les États-Unis du protocole de Kyoto, tout comme la doctrine O'Neill sur le caractère bénin du déficit commercial résultent en partie d'une tradition culturelle. L'Amérique s'est toujours développée en épuisant ses sols, en gaspillant son pétrole, en cherchant à l'extérieur les hommes dont elle avait besoin pour travailler.

Le modèle social américain menace l'Europe

Les sociétés européennes sont fortement enracinées. La mobilité géographique des populations y est deux fois moindre qu'aux États-Unis, y compris en Angleterre où la proportion d'habitants changeant de résidence en un an n'était, vers 1981, que de 9,6 %, comme en France (9,4 %) et au Japon (9,5 %), contre 17,5 % aux États-Unis[1]. L'instabilité résidentielle de la population américaine est souvent considérée comme une preuve de dynamisme, mais l'improductivité actuelle de l'industrie américaine jette le doute sur l'efficacité économique intrinsèque de ces mouvements incessants. Les Japonais, après tout, produisent deux fois plus en bougeant deux fois moins.

Le rapport des citoyens à l'État était en Europe, et reste au niveau infra-idéologique des mentalités, un rapport de confiance. Les diverses institutions qui l'incarnent ne sont jamais considérées comme des ennemies, au contraire de ce que l'on peut observer aux États-Unis, où l'idéologie libérale n'est que la partie émergée, et présentable, d'un rapport à l'État qui, au niveau infra-idéologique des mentalités, peut être absolument paranoïaque. Même en Grande-Bretagne, où la révolution libérale a été beaucoup plus importante qu'en France, en Allemagne ou en Italie, on n'observe pas l'existence, comme aux États-Unis, de milices armées pour résister aux manipulations supposées de l'État central, fédéral dans la terminologie américaine[2]. La sécurité sociale est au cœur de l'équilibre de chacune des sociétés européennes. C'est pourquoi l'exportation par les États-Unis de leur modèle spécifique de capitalisme dérégulé constitue une menace pour les sociétés européennes, comme pour la société japonaise, si proche pour tous ces paramètres de ses lointaines cousines européennes.

Au cours des années 1990-2000 on a beaucoup spéculé

1. L. Long, « Residential mobility differences among developed countries », *International Regional Science Review*, 1991, vol. 14, n° 2, p. 133-147.
2. Anthony King, « Distrust of government : explaining American exceptionalism », in Susan J. Pharr et Robert D. Putnam, *Disaffected Democracies*, Princeton University Press, 2000, p. 74-98.

sur la variété des capitalismes, sur l'existence en Allemagne d'un modèle rhénan, industriel, privilégiant la cohésion sociale, la stabilité, la formation de la main-d'œuvre et l'investissement technologique à long terme, s'opposant au modèle libéral anglo-saxon, encourageant le profit, la mobilité du travail et du capital, le court terme. Le Japon, bien sûr avec des nuances, est proche de l'Allemagne, par le modèle économique comme par le type anthropologique, la famille souche chère à Frédéric Le Play. On spéculait sur les avantages et les inconvénients de chacun des modèles, la plupart des commentateurs relevant, dans les années 1980-1990, une efficacité plus grande des types allemand ou japonais, dans les années 1990-2000, une apparente montée en puissance, idéologique plutôt qu'industrielle, du type anglo-saxon.

La question des avantages et déficiences économiques devient en un sens secondaire. Le système américain n'arrive plus à assurer l'approvisionnement de sa propre population. Plus grave d'un point de vue européen, les tentatives incessantes pour adapter à ce modèle libéral les sociétés fortement enracinées et étatisées du Vieux Continent est en train de les faire exploser, phénomène que l'on peut désormais observer avec la montée régulière de l'extrême droite à travers les élections qui se succèdent. Le Danemark, les Pays-Bas, la Belgique, la France, la Suisse, l'Italie et l'Autriche sont désormais touchés. Un cercle noir semble entourer l'Allemagne, promue de façon inattendue, si l'on pense aux années 30, pôle de résistance au « fascisme ». L'Angleterre est indemne, ce que l'on peut expliquer en première approche par sa meilleure capacité d'adaptation au modèle ultralibéral. Mais elle est inquiète et se découvre une passion renouvelée pour l'intervention de l'État dans la vie économique et sociale, qu'il s'agisse d'éducation, de santé ou de gestion des chemins de fer. L'Espagne et le

Portugal savent ne devoir leur immunité temporaire à l'extrême droite qu'à leur retard économique relatif. Pour le moment donc, l'Allemagne et le Japon ont résisté. Non parce que ces deux pays sont plus aptes à la flexibilité et à l'insécurité sociale. Mais parce que leurs économies surpuissantes y ont protégé, jusqu'à très récemment, les masses ouvrières et populaires. Nous pouvons être sûrs qu'une dérégulation à l'américaine dans ces nations de forte cohésion sociale produirait une montée de l'extrême droite.

Ici, très exactement, l'équilibre idéologique et stratégique bascule : le type de capitalisme qui s'identifie au modèle américain devient une menace pour les sociétés qui y avaient le mieux résisté. Un temps bénéficiaires du libre-échange, les puissances industrielles majeures que sont le Japon et l'Allemagne sont à présent étouffées par l'insuffisance de la demande mondiale. Le taux de chômage s'élève même au Japon. Les classes ouvrières ne peuvent plus y être protégées de la pression de la globalisation. La prédominance idéologique de l'ultralibéralisme fait émerger à l'intérieur même de ces sociétés un discours de contestation qui est virtuellement destructeur de l'équilibre mental et politique.

La presse économique américaine n'en finit pas de réclamer une réforme de ces systèmes « non modernes », « fermés », mais qui n'ont en réalité que le tort d'être trop productifs. Dans les phases de dépression mondiale, les économies industrielles les plus puissantes souffrent toujours plus que les économies attardées ou sous-productives. La crise de 1929 avait touché au cœur l'économie américaine à cause de sa puissance industrielle de l'époque. Les États-Unis faiblement productifs de l'an 2000 sont supérieurement armés pour affronter un déficit de la demande. Les articles de la presse économique américaine qui réclament une modernisation des systèmes allemand et japonais sont empreints d'un humour involontaire car on peut sérieusement se demander comment fonctionnerait l'économie mondiale si l'Allemagne et le Japon se mettaient à produire des déficits commerciaux de type américain. Reste que la pression idéologique américaine et la prédominance des conceptions libérales dans l'organisation des échanges à l'échelle mondiale deviennent un problème de fond pour les deux alliés les plus importants des États-Unis, pour les deux économies industrielles les plus exportatrices. La stabilité du système américain reposait au départ sur la domination par Washington de ces deux piliers fondamentaux, l'Allemagne et le Japon, conquis lors de la Seconde Guerre mondiale, puis apprivoisés. L'Amérique, entraînée par son déficit, son échec et son angoisse dans une nouvelle intolérance au monde, est en train de se les aliéner.

En Europe, le comportement nouveau de l'Allemagne, puissance économique dominante, est le phénomène important. La révolution libérale américaine menace beaucoup plus la cohésion sociale allemande que le modèle républicain français, plus libéral dans ses habitudes, combinant individualisme et sécurisation par l'État. Si l'on pense en termes de « valeurs sociales », le conflit entre la France et les États-Unis est un demi-conflit ; l'opposition entre les conceptions américaine et allemande est en revanche absolue. Le voyage de George W. Bush en Europe en mai 2002 a reflété ce décalage franco-allemand. Les manifestations contre sa venue ont été beaucoup plus importantes au-delà du Rhin que dans l'Hexagone. Les Français, empêtrés dans le souvenir du général de Gaulle, se croyaient jusqu'à très récemment seuls capables d'indépendance. Ils ont du mal à imaginer une Allemagne se rebellant, au nom de ses propres valeurs. Mais l'émancipation de l'Europe, si elle se fait, devra autant au mouvement de l'Allemagne qu'à celui de la France.

Les Européens sont très conscients des problèmes que leur pose l'Amérique, dont la masse les protège et les oppresse tout à la fois depuis de longues années. Ils sont très faiblement conscients des problèmes qu'ils posent aux États-Unis. On se moque souvent de l'Europe, géant économique sans conscience ni action politique. Cette critique, le plus souvent justifiée, oublie cependant que la puissance économique existe en elle-même, que les mécanismes d'intégration et de concentration qui en découlent produisent spontanément des effets stratégiques à moyen ou long terme. C'est pourquoi, l'Amérique se sentait menacée, avant même la réalisation de l'euro, par la montée en puissance économique de l'Europe.

La puissance économique européenne

Le libre-échange ne produit pas en pratique un monde unifié, même s'il stimule les échanges de biens entre continents. La globalisation planétaire n'est qu'une dimension secondaire du processus. La réalité statistique, c'est l'intensification prioritaire des échanges entre pays proches et la constitution de régions économiques intégrées d'échelle continentale : l'Europe, l'Amérique du Nord et du centre, l'Amérique du Sud, l'Extrême-Orient. Les règles du jeu libérales fixées sous leadership américain détruisent ainsi tendanciellement l'hégémonie des États-Unis, en amenant la constitution de blocs régionaux séparés de l'Amérique du Nord.

L'Europe devient ainsi une puissance autonome presque malgré elle. D'un point de vue américain, il y a pire : le jeu des forces économiques fait que l'Europe est aussi condamnée à annexer sur ses marges de nouveaux espaces, par effet de contiguïté et de diffusion. Elle exprime sa force presque malgré elle. Sa pesée économique continentale la conduit à effacer progressivement le pouvoir politique et militaire des États-Unis, à englober de sa masse physique réelle, par exemple, les bases américaines lorsqu'elles existent.

D'un point de vue stratégique, on peut regarder le monde de deux façons : l'une militaire suggère que les États-Unis existent dans l'Ancien Monde, l'autre économique met en évidence le caractère de plus en plus marginal de leur présence, non seulement en Europe mais dans l'ensemble de l'Eurasie.

Dans une optique militaire, nous serons conduits à énumérer de nouveau les implantations américaines sur la planète, en Europe, au Japon, en Corée ou ailleurs. Si nous sommes facilement impressionnables, nous pourrons nous raconter que les 1 500 soldats égarés en Ouzbékistan ou les 12 000 enfermés dans la base de Bagram en Afghanistan représentent quelque chose d'important sur le plan stratégique. Mon sentiment personnel est que ces deux implantations sont des relais bancaires peu productifs servant à distribuer quelques subsides à des chefs de clans locaux. Ceux-ci détiennent toujours le vrai pouvoir, en l'occurrence celui de ne pas livrer les terroristes que recherchent ou font semblant de rechercher les Américains. Ces transferts financiers sont modestes mais suffisants : le sous-développement de ces régions est tel qu'il permet la paye des mercenaires locaux pour un coût modeste.

Si nous adoptons une vision économique des questions stratégiques et si nous repassons dans la partie du monde qui se développe réellement, là où des industries naissent, où la société s'éveille et se démocratise, sur les marges de l'Europe par exemple, l'inexistence économique et matérielle de l'Amérique devient le phénomène flagrant.

Plaçons-nous sur la périphérie de la zone euro et considérons trois pays clefs pour les États-Unis sur le plan militaire :

— la Turquie, allié fondamental, pivot entre Europe, Russie et Moyen-Orient ;

— la Pologne, très légitimement pressée d'entrer dans l'Otan pour oublier définitivement une domination russe bien antérieure à la dictature communiste ;

— le Royaume-Uni, allié naturel des États-Unis.

On peut bien entendu, à la manière des vieux enfants que sont au fond les stratèges militaires, se représenter ces trois pays comme des positions fortes et stables des Américains dans leur jeu pour le contrôle du monde. Dans l'univers enfantin de Donald Rumsfeld, par exemple, seule la force physique compte. Mais si nous repassons de la cour de récréation militaire dans le monde des rapports de force économiques réels, nous identifions la Turquie, la Pologne et le Royaume-Uni comme trois pays qui sont déjà dans la sphère d'influence de la zone euro. Le Royaume-Uni commerce 3,5 fois plus avec l'Europe à 12 qu'avec les États-Unis, la Turquie 4,5 fois plus, la Pologne 15 fois plus. En cas de conflit commercial grave entre l'Europe et les États-Unis, la Pologne n'aurait aucun choix et la Turquie très peu. Quant au Royaume-Uni, tout affrontement direct avec l'Europe continentale exigerait un certaine dose d'héroïsme économique — dont il est parfaitement capable.

Tableau 12. Échanges commerciaux de la Turquie,
de la Pologne et du Royaume-Uni
(en millions de dollars)

2000	Turquie		Pologne		Royaume-Uni	
	import.	export.	import.	export.	import.	export.
États-Unis	7,2	11,3	4,4	3,1	13,4	15,8
Europe à 12	40,8	43,4	52,3	60	46,6	53,5
Russie	7,1	2,3	9,4	2,7	0,7	0,4
Japon	3	0,4	2,2	0,2	4,7	2
Chine	2,5	0,3	2,8	0,3	2,2	0,8

Source : OCDE, *Statistiques mensuelles du commerce international*, novembre 2001.

La situation n'est pas statique. Si l'on introduisait des données historiques, concernant la période 1995-2000, on verrait que la Pologne est en cours d'absorption par la zone euro. La Turquie, comme la plupart des pays du monde, exporte un peu plus vers les États-Unis, et importe un peu moins. Là comme ailleurs, l'Amérique s'efforce de jouer son rôle de consommateur universel omnivore. Le Royaume-Uni, malgré son appartenance primordiale à la sphère d'échange européenne, s'est légèrement rapproché des États-Unis durant les cinq dernières années. La marche à l'euro, mal conçue, déflationniste, a eu de ce point de vue un effet répulsif plutôt qu'attractif.

L'examen de ces chiffres met surtout en évidence la puissance du facteur territorial de contiguïté dans le développement des échanges commerciaux. La globalisation existe à deux niveaux, l'un mondial, l'autre régional, mais elle est avant tout, ainsi que le craignent les analystes stratégiques américains, une régionalisation par continent ou sous-continent. Dans la mesure où elle est un processus réellement global, elle fait apparaître les États-Unis comme un consommateur de biens et de financements plutôt que comme une contribution positive. La stricte logique mathématique suggère qu'à travers ces interactions de contiguïté géographique, la globalisation dans ses effets les plus profonds déplace vers l'Eurasie le centre de gravité économique du monde, et tend à isoler l'Amérique.

Le jeu de ces forces, encouragé au départ par l'Amérique elle-même, favorise l'émergence d'une Europe intégrée, puissance dominante de fait dans une région mieux placée stratégiquement que celle dont les États-Unis sont le centre. Le développement de l'Europe orientale, de la Russie, de pays musulmans comme la Turquie ou l'Iran, et virtuellement de l'ensemble du bassin méditerranéen, semblent faire de l'Europe un pôle naturel de croissance et de puissance.

Sa proximité du golfe Persique apparaît sans doute aux « penseurs » de la politique américaine comme la menace la plus dramatique à la position des États-Unis dans le monde. La technique du scénario de crise permet de mieux visualiser l'interaction des rapports de force économiques et militaires. Que se passerait-il si l'Europe, puissance économique dominante pour la Turquie, faisait pression sur cette dernière pour qu'elle n'autorise pas l'armée américaine à utiliser la base d'Incirlik dans le cadre d'une agression contre l'Irak? Aujourd'hui? Demain? Après-demain? Un alignement de la Turquie sur l'Europe aboutirait, pour l'Amérique, à une chute dramatique de son potentiel militaire au Proche-Orient. Les Européens actuels ne conçoivent pas de tels scénarios, les Américains les imaginent.

La paix avec la Russie et le monde musulman

Au contraire des États-Unis, l'Europe n'a pas de problèmes particuliers avec le monde extérieur. Elle est en interaction commerciale normale avec le reste de la planète, achetant les matières premières et l'énergie dont elle a besoin, payant ces importations avec les revenus tirés de ses exportations. *Son intérêt stratégique à long terme est donc la paix.* Or la politique extérieure des États-Unis est de plus en plus structurée par deux conflits principaux, avec deux adversaires qui sont les voisins immédiats de l'Europe. L'un, la Russie, est l'obstacle fondamental à l'hégémonie américaine, mais elle est trop forte pour être abattue. L'autre, le monde musulman, est un adversaire de théâtre, servant à la mise en scène de la puissance militaire américaine. L'Europe ayant intérêt à la paix, particulièrement avec ses deux voisins principaux, ses objectifs stratégiques prioritaires sont désormais en opposition radicale avec les choix américains.

Dans la mesure où les pays du Golfe *doivent* vendre leur pétrole parce que leurs populations s'accroissent, l'Europe n'a à craindre aucun embargo. Elle ne peut en revanche accepter indéfiniment le désordre entretenu par les États-Unis et Israël dans le monde arabe. La réalité économique suggère que cette région du monde devrait passer dans une sphère de coopération centrée sur l'Europe et excluant assez largement les États-Unis. La Turquie et l'Iran l'ont parfaitement compris. Mais ne nous méprenons pas : il y a là tous les éléments d'un véritable antagonisme à moyen terme entre l'Europe et les États-Unis.

Avec la Russie, dont tout démontre qu'elle devient un partenaire raisonnable, très affaibli économiquement et militairement, mais grand exportateur de pétrole et de gaz naturel, l'Europe ne peut que multiplier les terrains d'entente. L'impuissance stratégique des États-Unis face à la Russie atténue la contradiction. L'Amérique est sans cesse contrainte, après des actes agressifs, à des démonstrations d'amitié avec la Russie, largement imposées par la peur de voir Européens et Russes les laisser totalement de côté dans les négociations à venir.

Du côté de l'islam, la nuisance américaine ne cesse de s'aggraver et devient très concrète. Le monde musulman fournit à l'Europe une partie importante de ses immigrés : Pakistanais en Angleterre, Maghrébins en France, Turcs en Allemagne, pour ne citer que les groupes les plus importants. Les enfants de ces immigrés sont citoyens des pays d'accueil, y compris désormais en Allemagne où vient d'être adopté un droit du sol qui la rapproche de la France. L'Europe doit entretenir une relation de paix et de bonne entente non seulement pour des raisons de proximité géographique, mais aussi pour assurer sa paix intérieure. Ici les

États-Unis apparaissent comme générateurs de désordre interne autant qu'international. Avec les attaques de jeunes Maghrébins défavorisés contre des synagogues durant le premier trimestre de l'année 2002, la France a la première fait l'expérience d'une déstabilisation par la politique américano-israélienne, même si les causes profondes de la révolte viennent de la structure de plus en plus inégalitaire de la société française elle-même. On ne voit pas pourquoi l'Allemagne, avec ses Turcs, et plus encore l'Angleterre, avec ses Pakistanais, échapperaient dans les années à venir à l'action déstabilisatrice des États-Unis.

Le couple franco-allemand... et sa maîtresse anglaise

Évoquer l'Europe, sa puissance, son antagonisme croissant aux États-Unis, c'est utiliser un concept dont le sens n'est pas défini : une région économique, une sphère de civilisation, un agrégat de nations, bref pour rester dans l'indéfinition la plus absolue, une entité en mouvement. Ces temps-ci, l'intégration économique se poursuit. L'entité attire par sa masse et son succès de nouveaux membres en Europe de l'Est et semble destinée, malgré toutes les difficultés, à absorber la Turquie. Mais ce processus d'expansion économique spontanée a pour effet politique premier une désorganisation. L'élargissement économique met le système institutionnel en situation d'impuissance. La persistance des nations, s'incarnant dans des langues, des systèmes politiques, des mentalités, rend très difficile la mise au point de procédures de décision acceptées par l'ensemble des membres.

D'un point de vue stratégique mondial, une telle évolution pourrait être perçue comme l'amorce d'un processus de désintégration. Elle rend en fait surtout vraisemblable l'émergence d'un processus simplifié de leadership à trois du continent, le Royaume-Uni constituant de fait avec l'Allemagne et la France un triumvirat directeur. Un rapprochement franco-allemand est, après quelques années de mésentente, très vraisemblable. Le rôle du Royaume-Uni serait absolument nouveau mais doit être envisagé comme une possibilité. Nous ne devons pas faire nôtre l'erreur initiale de Brzezinski qui nous assure que la Grande-Bretagne, à la différence de la France et de l'Allemagne, n'est pas un « joueur géostratégique » et que « sa politique n'appelle pas une attention soutenue ». Le rôle de la coopération franco-britannique dans l'élaboration d'une politique militaire européenne est tel que le jugement peut déjà être qualifié de malheureux.

Entre 1990 et 2001, les relations franco-allemandes n'ont pas été bonnes. L'unification allemande avait déséquilibré l'Europe en créant une Allemagne de 80 millions d'habitants, et par contrecoup une France diminuée de seulement 60 millions. L'unification monétaire, qui aurait dû représenter une marche en avant optimiste, fut conçue pour ligoter l'Allemagne. Pour rassurer celle-ci, les Européens ont accepté des critères de gestion d'une rigueur exagérée, et des années de stagnation. L'Allemagne, de son côté, un peu ivre de son unité retrouvée n'a pas joué un rôle apaisant durant la période, surtout durant la désintégration de la Yougoslavie. Cette phase est terminée. D'abord parce que l'Allemagne évolue vers plus de souplesse et d'hédonisme, parce qu'elle se rapproche de la France sur le plan des mentalités.

Mais revenons dans le domaine du réalisme politique, des rapports de force. Sa crise démographique ramène l'Allemagne, inexorablement, à l'échelle commune des grandes nations européennes. Le nombre des naissances y est aujourd'hui légèrement inférieur à ce qu'il est en France. Virtuellement, les deux pays ont a nouveau la même taille. Les élites allemandes ont pris conscience de ce retour à la moyenne. La fièvre de l'unification est passée, les dirigeants allemands savent que leur pays ne sera pas *la* grande puissance au cœur de l'Europe. Les difficultés concrètes de la reconstruction dans l'ancienne RDA ont contribué à ce retour au principe de réalité.

La France, de son côté, depuis qu'elle n'est plus paralysée par la politique du franc fort, depuis qu'elle a été libérée économiquement par l'euro faible, a retrouvé, grâce à sa situation démographique plus favorable, une certaine forme de dynamisme et de confiance en elle. En somme, toutes les conditions sont réunies pour une relance de la coopération franco-allemande, dans un véritable climat de confiance.

Mais encore une fois nous devons constater la prédominance d'une certaine force des choses. Le rééquilibrage démographique n'a pas été décidé ; il advient, de par l'évolution même des sociétés, et se présente pour les dirigeants comme un donné. Le rééquilibrage démographique franco-allemand n'est d'ailleurs que l'un des aspects de la stabilisation démographique mondiale. Plus à l'est, la régression démographique russe apaise mécaniquement la vieille inquiétude, allemande ou européenne, d'être submergé par une nation-continent en expansion démographique.

Le déclin démographique russe, la stagnation allemande et la relativement bonne tenue de la population française rééquilibrent l'ensemble de l'Europe, au sens large, selon un processus inverse de celui qui l'avait déstabilisée au début du xxᵉ siècle. Alors la stagnation démographique de l'Hexagone, combinée à l'expansion de la population allemande, avait fait de la France une nation apeurée. À l'est, l'expansion encore plus rapide de la Russie avait engendré en Allemagne une véritable phobie. La fécondité désormais est basse partout. Cette faiblesse pose des problèmes spécifiques mais elle a du moins le mérite d'apaiser cette partie du monde de manière presque automatique. Si les très basses fécondités se maintiennent trop longtemps, on assistera en Europe à une véritable crise démographique, menace pour la prospérité du continent. Dans un premier temps, la chute de pression démographique a facilité, sans qu'on s'en rende bien compte, le processus de fusion des économies nationales européennes par le libre-échange en effaçant de la conscience des acteurs la peur du déséquilibre politique et de l'agression.

Toute hypothèse sur le comportement futur du Royaume-Uni ne peut être que très hasardeuse. L'appartenance simultanée à deux sphères, l'une anglo-saxonne, l'autre européenne, est un fait de nature.

La révolution libérale a touché l'Angleterre plus violemment que toute autre nation européenne, même si aujourd'hui les Britanniques ne rêvent que de renationaliser leurs chemins de fer et de renforcer, par des dotations budgétaires raisonnables, leur système de santé. Le lien entre les États-Unis et l'Angleterre va bien au-delà de cette dimension socio-économique étroite : la langue, l'individualisme, un sens pour ainsi dire congénital de la liberté politique. Tout cela est évident, mais peut faire passer à côté d'une autre évidence. Les Anglais voient mieux que tous les autres Européens, non seulement les défauts de l'Amérique, mais son évolution. Si l'Amérique tourne mal, ils en seront les premiers conscients. Ils sont les alliés préférentiels des États-Unis mais ils sont aussi plus exposés que tous à la pression idéologique et culturelle venue d'outre-Atlantique parce qu'ils ne disposent, contrairement aux Allemands, aux Français ou à d'autres, d'aucune protection naturelle par la langue. Voilà le dilemme britannique : non seulement un tiraillement entre l'Europe et les États-Unis, mais un rapport à l'Amérique particulièrement problématique. Ce qui est sûr, c'est que le choix britannique ultime d'une entrée dans l'euro, ou d'un refus de l'euro, sera capital, non seulement pour l'Europe mais aussi pour les États-Unis. L'intégration à la zone euro de la place financière et bancaire de Londres, pôle financier principal de l'Ancien Monde, serait un terrible coup pour New York, et pour l'Amérique compte tenu de sa dépendance à l'égard des flux financiers mondiaux. Dans l'état actuel de déficience productive de l'économie américaine, l'entrée de la City dans le système européen central pourrait réellement faire basculer l'équilibre du monde. Il serait assez ironique de voir la Grande-Bretagne, ignorée par Brzezinski, achever d'un coup, par un choix européen, l'hégémonie américaine.

Fin de partie

Dans la douleur d'une transition éducative et démographique qui s'achève, la planète tend vers la stabilité. Le tiers-monde, à travers ses poussées de fièvre idéologiques et religieuses, est en marche vers le développement et vers plus de démocratie. Aucune menace globale ne requiert une activité particulière des États-Unis pour la protection des libertés. Une seule menace de déséquilibre global pèse aujourd'hui sur la planète : l'Amérique elle-même, qui de protectrice est devenue prédatrice. Alors même que son utilité politique et militaire cesse d'être évidente, elle s'aperçoit qu'elle ne peut plus se passer des biens produits par la planète. Mais le monde est trop vaste, trop peuplé, trop divers, trop traversé de forces incontrôlables. Aucune stratégie, si intelligente soit-elle, ne peut permettre à l'Amérique de transformer sa situation semi-impériale en empire de fait et de droit. Elle est trop faible, économiquement, militairement, idéologiquement. C'est pourquoi chaque mouvement destiné à raffermir sa prise sur le monde engendre des rétroactions négatives qui affaiblissent un peu plus sa posture stratégique.

Que s'est-il passé durant la dernière décennie ? Deux empires bien réels étaient face à face, dont l'un s'est écroulé, l'empire soviétique. L'autre, l'américain, était également engagé dans un processus de décomposition. La chute brutale du communisme a néanmoins engendré l'illusion d'une montée en puissance absolue des États-Unis. Après l'effondrement soviétique puis russe, l'Amérique a cru pouvoir étendre son hégémonie à l'ensemble de la planète, alors même que son contrôle sur sa propre sphère était déjà en train de faiblir.

Pour atteindre une hégémonie planétaire stable, deux conditions auraient été nécessaires, dans le champ des rapports de force réels :

D'abord maintenir une emprise intacte sur les protectorats européens et japonais qui constituent désormais les pôles de force économique réels, l'*économie réelle* se définissant par la production plutôt que la consommation.

Abattre définitivement la puissance stratégique russe : obtenir une totale désintégration de l'ex-sphère soviétique et une disparition complète de l'équilibre de la terreur nucléaire, laissant les États-Unis seuls capables de frapper, de manière unilatérale et sans risque d'entraîner la moindre représaille, n'importe quel pays du monde.

Ni l'un ni l'autre de ces deux objectifs n'a été atteint. La marche de l'Europe à l'unité et à l'autonomie n'a pas été enrayée. Le Japon, plus discrètement, garde sa capacité à agir seul si l'envie lui en vient un jour. Quant à la Russie, elle se stabilise et, confrontée au néo-impérialisme théâtral des États-Unis, elle a commencé à moderniser son appareil militaire et s'est remise à jouer aux échecs avec efficacité et inventivité sur le plan diplomatique.

Ne pouvant contrôler les vraies puissances de son temps — tenir le Japon et l'Europe dans le domaine industriel, casser la Russie dans le domaine du nucléaire militaire — l'Amérique a dû, pour mettre en scène un semblant d'empire, faire le choix d'une action militaire et diplomatique s'exerçant dans l'univers des non-puissances : l'« axe du mal » et le monde arabe, deux sphères dont l'intersection est l'Irak. L'action militaire, par son niveau d'intensité et de risque, se situe désormais quelque part entre la vraie guerre et le jeu vidéo. On met sous embargo des pays incapables de se défendre, on bombarde des armées insignifiantes. On prétend concevoir et produire des armements de plus en plus sophistiqués, ayant, justement, la précision de jeux vidéo, mais on applique en pratique, à des populations civiles désarmées, des bombardements lourds dignes de la Seconde Guerre mondiale. Le niveau de risque est presque insignifiant pour l'armée des États-Unis. Il n'est pas nul pour les populations civiles américaines puisque la domination asymétrique engendre, venant des zones dominées, des réactions terroristes dont la plus réussie a été celle du 11 septembre 2001.

Ce militarisme démonstratif, censé prouver l'incapacité technomilitaire de tous les autres acteurs mondiaux, a fini par inquiéter les vraies puissances que sont l'Europe, le Japon et la Russie, et les pousse désormais à se rapprocher. C'est ici que le jeu américain se révèle le plus contreproductif. Les dirigeants des États-Unis ont cru que ce qu'ils risquaient était, au maximum, un rapprochement entre la Russie, puissance majeure, la Chine et l'Iran, puissances mineures, qui aurait eu pour effet de maintenir sous leur contrôle leurs protectorats européens et japonais. Mais ce qu'ils risquent effectivement, s'ils ne se calment pas, c'est un rapprochement entre une puissance nucléaire majeure, la Russie, et les deux puissances industrielles dominantes que sont l'Europe et le Japon.

L'Europe prend lentement conscience que la Russie, non seulement n'est plus une menace stratégique, mais devient une contribution à sa sécurité militaire. Qui peut affirmer avec une absolue bonne foi que les États-Unis auraient, en l'absence d'un contrepoids stratégique russe, autorisé les

Européens à lancer l'euro, menace terrible à moyen terme pour leur approvisionnement financier, et le projet Galileo, qui brisera le monopole américain de la vision militaire au sol ? C'est la raison profonde pour laquelle l'extension de l'Otan vers l'est perd son sens, ou change de sens. À l'origine, l'intégration des anciennes démocraties populaires à l'Otan ne pouvait s'interpréter que comme un mouvement agressif tourné contre la Russie, étrange dans le contexte d'un effondrement digne et pacifique de l'Union soviétique. On parlait alors d'une association symbolique de la Russie à l'Otan, aujourd'hui réalisée dans les textes, présentation cosmétique d'un processus d'encerclement rapproché. Mais l'intégration de la Russie à la sphère de consultation et, pourquoi pas, de décision de l'Otan devient peu à peu pour les Européens une perspective réellement attrayante, dans la mesure même où elle aboutirait à institutionnaliser l'existence d'un contrepoids stratégique aux États-Unis. On comprend pourquoi les Américains s'intéressent de moins en moins à l'Otan et veulent de plus en plus « agir seuls » dans le domaine du militarisme théâtral.

Le contrôle des champs pétroliers du golfe Persique ou d'Asie centrale se présente comme l'objectif rationnel de l'action américaine dans la sphère des pays faibles. Il n'est rationnel qu'en apparence puisque la dépendance américaine est désormais universelle, et non simplement pétrolière. Mais c'est justement ici que l'action des États-Unis produit les rétroactions négatives les plus frappantes. L'inquiétude et l'agitation entretenues par les Américains dans le Golfe, leur volonté manifeste de contrôler les ressources en énergie des Européens et des Japonais ne peuvent que conduire les protectorats à considérer, de plus en plus, la Russie, redevenue deuxième producteur de pétrole mondial, et qui reste le premier producteur de gaz naturel, comme un partenaire nécessaire. La Russie, quant à elle, se trouve bénéficier d'un soutien de fait au cours du pétrole, dopé à intervalle régulier par la fébrilité américaine au Proche-Orient, don gracieux dont elle ne peut que se féliciter. L'agitation et l'incertitude entretenues par la diplomatie américaine n'aboutissent qu'à augmenter la rentrée en Russie de devises gagnées par l'exportation de pétrole.

Une concertation plus systématique entre Européens et Japonais, symétriquement confrontés au contrôle américain de leurs approvisionnements énergétiques, apparaît de plus en plus inéluctable. Les similitudes entre les économies européenne et japonaise, toujours industrielles, ne peuvent mener qu'à un rapprochement. C'est ce que révèle, en particulier, le mouvement récent de l'investissement direct japonais à l'étranger — achat ou fondation d'entreprises. En 1993, le Japon avait investi 17 500 milliards de yens en Amérique mais seulement 9 200 en Europe. En 2000, les proportions sont renversées : 27 000 milliards en Europe et seulement 13 500 en Amérique du Nord[1].

Pour qui s'intéresse aux modèles théoriques, l'action américaine est donc une merveilleuse occasion d'étudier l'inévitabilité des rétroactions négatives lorsqu'un acteur stratégique s'assigne un objectif qui n'est plus à sa mesure. Chaque pas américain tendant à assurer le contrôle de la planète aboutit à de nouveaux problèmes.

Le jeu est lent, parce que chacune des puissances — et non seulement l'Amérique — présente plusieurs déficiences fondamentales. L'Europe est fragilisée par son manque d'unité et sa crise démographique, la Russie par son état d'affaissement économique et démographique, le Japon par son isolement et sa situation démographique. C'est pourquoi la partie ne se terminera pas par un mat, symbolisant la victoire d'une seule puissance, mais par un pat, formalisant l'inca-

---

1. http://www.jin.jac.02.jp/stat/stats/08TRA42.html

pacité de chacune à dominer. Ensemble, Europe, Russie et Japon représentent plus de deux fois et demie la puissance américaine. L'activisme étrange des États-Unis dans le monde musulman pousse sans cesse les trois puissances du Nord dans la voie d'un rapprochement à long terme. Le monde qui se crée ne sera pas un empire, contrôlé par une seule puissance. Il s'agira d'un système complexe, dans lequel s'équilibreront un ensemble de nations ou de métanations, d'échelles équivalentes, même si elles ne sont pas à proprement parler égales. Certaines entités, comme le pôle russe, garderont en leur centre une seule nation. On peut en dire autant du Japon, minuscule sur une carte mais dont le produit industriel est égal à celui des États-Unis, et qui pourrait, s'il le désirait, construire en quinze ans une force militaire de technologie équivalente ou supérieure à celle de l'Amérique. À très long terme la Chine rejoindra ce groupe. L'Europe est, quant à elle, un agrégat de nations, avec en son cœur, un couple leader germano-français, mais dont le niveau de puissance effective dépendra d'une participation britannique. L'Amérique du Sud semble destinée à s'organiser sous leadership brésilien.

Démocraties et oligarchies

Le monde né de l'effondrement de l'empire soviétique et de la décomposition du système américain ne sera pas uniformément démocratique et libéral, selon le rêve de Fukuyama. Il ne peut cependant en aucune manière revenir à un totalitarisme de type nazi, fasciste ou communiste. Un double mouvement assure la poursuite de l'histoire humaine. Le monde en développement marche tendanciellement vers la démocratie, poussé dans ce sens par l'alphabétisation de masse qui engendre des sociétés culturellement homogènes. Le monde développé de la triade est quant à lui, à des degrés divers, rongé par une tendance oligarchique, phénomène engendré par l'émergence d'une nouvelle stratification éducative qui clive la société en « supérieurs », « inférieurs » et diverses variétés de « moyens ».

N'exagérons pas cependant l'effet antidémocratique de cette stratification éducative inégalitaire : les pays développés restent alphabétisés et sont condamnés à gérer la contradiction existant entre alphabétisation de masse, à tendance démocratique, et stratification universitaire, à tendance oligarchique.

L'établissement d'un néoprotectionnisme sur la base des grandes régions ou méta-nations définie plus haut favoriserait la tendance démocratique en avantageant dans le domaine de l'activité économique et de la répartition du revenu national (ou méta-national) les ouvriers et les ingénieurs.

Le libre-échange absolu, qui accentue le mouvement vers l'inégalité des revenus, entraînerait à l'opposé un triomphe du principe oligarchique. Le contrôle américain du système engendrerait un phénomène dont on a pu observer l'amorce entre 1995 et 2000, la transformation du peuple américain en une plèbe impériale, nourrie en biens industriels par la planète entière. Mais, ainsi que j'ai tenté de l'expliquer, l'arrivée à complétude de ce processus impérial est peu vraisemblable.

Comprendre avant d'agir

Que peut-on faire, au niveau du citoyen comme à celui de l'homme d'État, si nous sommes à ce point entraînés par des forces économiques, sociologiques et historiques qui nous dépassent ?

D'abord apprendre à voir le monde tel qu'il est, échapper à l'emprise de l'idéologie, de l'illusion de l'instant, à la « fausse alerte permanente » (comme disait Nietzsche) entretenue par les médias. Percevoir les rapports de force réels, c'est déjà beaucoup. C'est en tout cas se donner la possibilité de ne pas agir à contresens. L'Amérique n'est pas une hyperpuissance. Elle ne peut, au stade actuel, terroriser que des nations faibles. Pour ce qui concerne les affrontements réellement globaux, c'est elle qui est à la merci d'une entente entre Européens, Russes et Japonais. Ceux-ci ont la possibilité théorique de l'étrangler. L'Amérique, elle, ne peut vivre de sa seule activité économique, qui a besoin de subsides pour maintenir son niveau de consommation : au stade et au rythme de croisière actuels, 1,2 milliard de dollars par jour. C'est l'Amérique qui doit craindre, si elle devient par trop inquiétante, un embargo.

Certains stratèges américains le savent mais j'ai peur que les Européens ne soient pas toujours conscients de la violence stratégique de certaines de leurs décisions. L'euro, en particulier, né dans le conflit et l'incertitude, sera à l'avenir, s'il tient le coup, une menace permanente pour le système américain. Il crée de fait une collectivité économique de masse comparable ou supérieure à celle de l'Amérique, capable d'une action uniforme dans une seule direction, avec une force suffisante pour perturber les équilibres, ou plutôt pour aggraver les déséquilibres des États-Unis.

Avant l'euro, l'Amérique pouvait compter, quoi qu'elle fît, sur un phénomène d'asymétrie. Les variations du dollar agissaient sur l'ensemble du monde. Celles des petites monnaies se compensaient et n'avaient pas d'effet sur les États-Unis. Ceux-ci vivent désormais sous la menace de mouvements globaux unidirectionnels. Exemple : la chute de l'euro de sa création à février 2002. Ce processus ni voulu ni anticipé a certes correspondu à une fuite de capitaux vers les États-Unis ; mais il a eu pour effet de faire baisser tous les prix européens de 25 %. L'euro a de fait mis en place une barrière tarifaire. Protester ensuite contre l'élévation des droits de douane américains sur les produits sidérurgiques relève, de la part des Européens, d'une certaine mauvaise foi. Pis, cela révèle une non-conscience de leur puissance effective. Les maîtres protestent comme s'ils étaient des serviteurs. La remontée de l'euro peut symétriquement favoriser à long terme l'industrie américaine, mais assécher en contrepartie l'approvisionnement en capital financier des États-Unis, brutalement, à très court terme.

L'existence de l'euro conduira à plus de concertation économique entre nations européennes et à l'émergence vraisemblable d'une politique budgétaire commune, sous des formes inédites. Si ce processus n'aboutit pas, l'euro disparaîtra. Mais les Européens doivent savoir que l'émergence d'une politique budgétaire à l'échelle du continent aura des effets macroéconomiques planétaires et brisera de fait le monopole américain de la régulation conjoncturelle. Si les Européens commencent à faire des politiques de relance globales, ils annihileront du même coup le seul service réel des États-Unis au monde, le soutien keynésien de la demande. Si l'Europe devient un pôle autonome de régulation keynésienne, ce qui est souhaitable, elle casse de fait le système américain.

Je n'oserais, en quelques pages, envisager les innombrables effets et interactions qu'un tel changement de comportement impliquerait pour les flux commerciaux, financiers et migratoires à l'échelle planétaire. Mais le résultat d'ensemble est facile à prévoir : un pôle de régulation apparaîtrait en Eurasie, plus près du cœur du monde, et l'on peut envisager un tarissement des flux matériels, monétaires et migratoires qui nourrissent aujourd'hui l'Amérique. Les États-Unis devraient alors vivre comme les autres nations, en équilibrant leurs comptes extérieurs, contrainte qui impliquerait une baisse de 15 à 20 % du niveau de vie effectif de leur population. Cette évaluation intègre le fait que seules les marchandises importées et exportées ont une valeur internationale. La majorité des biens et services actuellement comptabilisés dans le PNB américain n'ont pas de valeur sur les marchés internationaux et sont de fait lourdement surestimés.

La perspective d'un tel ajustement n'a rien de terrifiant. Une telle chute de niveau vie n'est en rien comparable à celle qu'ont subie les Russes (plus de 50 %) lors de la sortie du communisme, sur la base initiale d'un PNB par tête notablement inférieur à celui des États-Unis. L'économie américaine est souple par nature, et l'on peut envisager avec confiance une adaptation rapide, bénéfique à l'ensemble du système mondial. L'analyse critique des tendances présentes ne doit jamais faire oublier les qualités intrinsèques de l'Amérique, qu'il s'agisse de flexibilité économique ou d'attachement au principe de la liberté politique. Penser raisonnablement l'Amérique, ce ne peut être vouloir s'en débarrasser, l'abaisser, ou toute autre attitude violente et fantasmagorique. Ce dont le monde a besoin, ce n'est pas que l'Amérique disparaisse, mais qu'elle redevienne elle-même, démocratique, libérale et productive. Dans la mesure du possible, car dans l'histoire humaine comme dans celle des espèces animales, il n'y a jamais de retour en arrière complet véritablement *in statu quo ante*. Les dinosaures ne sont pas revenus. L'Amérique authentiquement impériale et généreuse des années 50 ne reviendra pas non plus.

Au-delà d'une bonne perception de la réalité du monde, que pouvons-nous *faire*? Modestement, agir à la marge pour faciliter une transition qui s'opère d'elle-même. Aucune politique internationale ne peut, dans l'état actuel des rapports de force économiques, démographiques, culturels mondiaux, influer sur le cours de l'histoire. On peut seulement tenter de faciliter l'émergence d'une superstructure politique raisonnable en évitant au maximum les affrontements violents.

L'existence d'un équilibre de la terreur nucléaire reste une nécessité, dans l'état d'incertitude où se trouvent aujourd'hui l'économie et la société américaines, que cet équilibre soit maintenu par le potentiel russe ou par la mise en place d'une force de dissuasion européenne.

L'Europe et le Japon, qui peuvent payer leurs importations, doivent discuter directement avec la Russie, l'Iran et le monde arabe de la sécurité de leurs approvisionnements en pétrole. Ils n'ont aucune raison de s'engager dans un interventionnisme militaire théâtral à l'américaine.

Les Nations unies, tant comme représentation idéologique que comme organisation politique, doivent être l'instrument de l'ajustement général. De ce point de vue, les États-Unis, si hostiles à l'ONU, ont correctement anticipé la menace. Pour rendre la grande organisation internationale plus efficace, il faudrait qu'elle intègre, formalise mieux les rapports de force économiques réels. Dans un monde où la guerre est économique, l'absence au Conseil de sécurité, en tant que membres permanents, des deux nations majeures que sont le Japon et l'Allemagne reste une aberration. Leur absence exprime tout simplement leur sujétion au système américain.

Exiger un siège pour le Japon relève du simple bon sens. Unique pays à avoir subi une attaque nucléaire, devenu fondamentalement pacifiste, il est dépositaire d'une authentique légitimité. Ses conceptions économiques très différentes de celles du monde anglo-saxon ne peuvent être qu'un contrepoids utile à la planète entière. Pour l'Allemagne, la solution n'est pas si simple, parce que les nations européennes sont déjà lourdement surreprésentées au

Conseil de sécurité et qu'il ne peut être question d'aggraver le déséquilibre par l'octroi d'un siège supplémentaire. C'est l'occasion pour la France d'être intelligente et de proposer de partager son siège avec l'Allemagne. Un siège tenu avec elle pèserait beaucoup plus lourd que le siège actuel : le couple franco-allemand pourrait réellement exercer un droit de veto.

Délocaliser certaines institutions mondiales des États-Unis vers l'Eurasie contribuerait également à cet ajustement de la superstructure politique mondiale à la réalité économique du monde. La création de nouvelles instances internationales est sans doute une voie plus simple, moins conflictuelle, que le déplacement du FMI ou de la Banque mondiale, institutions très dévalorisées aujourd'hui dans l'esprit de tous.

Ces propositions d'action ne sont guère qu'une mise en forme institutionnelle de l'essentiel, la prise de conscience de la réalité des rapports de force économiques dans le monde. Si la planète tend vers l'équilibre et l'apaisement par le jeu naturel des forces démographiques, culturelles, sociales et politiques, aucune grande stratégie n'est à vrai dire nécessaire. Une chose doit être absolument évitée : oublier qu'aujourd'hui comme hier les vraies forces sont d'ordre démographique et éducatif, le vrai pouvoir est d'ordre économique. Il ne sert à rien de s'égarer dans le mirage d'une compétition militaire avec les États-Unis, d'une pseudo-compétition militaire, menant à intervenir sans cesse dans des pays sans importance stratégique réelle. Nous ne devons pas, à la suite de l'armée américaine, échanger le concept de théâtre d'opération pour celui d'opération de théâtre. Intervenir en Irak à leurs côtés ne serait que tenir un petit rôle dans un vaudeville sanglant.

Aucun pays au xxᵉ siècle n'a réussi à accroître sa puissance par la guerre, ou même par la seule augmentation de ses forces armées. La France, l'Allemagne, le Japon, la Russie ont immensément perdu à ce jeu. Les États-Unis sont sortis vainqueurs du xxe siècle parce qu'ils avaient su, sur une très longue période, refuser de s'impliquer dans les conflits militaires de l'Ancien Monde. Suivons l'exemple de cette première Amérique, celle qui avait réussi. Osons devenir forts en refusant le militarisme et en acceptant de nous concentrer sur les problèmes économiques et sociaux internes de nos sociétés. Laissons l'Amérique actuelle, si elle le désire, épuiser ce qui lui reste d'énergie dans sa « lutte contre le terrorisme », ersatz de lutte pour le maintien d'une hégémonie qui n'existe déjà plus. Si elle s'obstine à vouloir démontrer sa toute-puissance, elle n'aboutira qu'à révéler au monde son impuissance.

TABLE DES TABLEAUX

TABLE DES MATIÈRES

Composition CMB Graphic.
Reproduit et achevé d'imprimer
sur Roto-Page
par l'Imprimerie Floch
à Mayenne, le 17 octobre 2002.
Dépôt légal : octobre 2002.
1er dépôt légal : août 2002.
Numéro d'imprimeur : 55499.
ISBN 2-07-076710-8 / Imprimé en France.

121364